Tess Whitehurst

MAGIA
EN TU CASA

Hechizos sencillos y consejos prácticos
para cambiar la energía de tu casa...
y de tu vida

KEPLER

Argentina – Chile – Colombia – España
Estados Unidos – México – Perú – Uruguay – Venezuela

Título original: *Magical Housekeeping – Simple Charms & Practical Tips for Creating a Harmonius Home*
Editor original: Llewelyn Publications, Woodbury, MN – www.llewelyn.com
Any images included within this product are intended for use in this product only and are not to be extracted for other products, applications or promotional usage.
Traduccion: Laura Paredes
Diseño del libro: Rebecca Zins
Ilustraciones de los gestos: Wen Hsu

1.ª edición Octubre 2017

ISBN: 978-84-16344-14-7
E-ISBN: 978-84-16990-82-5
Depósito legal: B-20.655-2017

Fotocomposición: Ediciones Urano, S.A.U.
Impreso por: Rodesa, S.A. – Polígono Industrial San Miguel
Parcelas E7-E8 31132 Villatuerta (Navarra)

Impreso en España – *Printed in Spain*

Acerca de la autora

Tess Whitehurst, eterna estudiosa de las artes mágicas, es consejera intuitiva, terapeuta energética, asesora de feng shui y conferenciante. Sus escritos (que han sido publicados en sitios como la revista *New Witch* y *Magical Almanac* de Llewellyn) hacen hincapié en percibir la vida desde una óptica mágica y abogan por la autoestima, la autoexpresión y la libertad personal. También es ecologista, (habitualmente) crudivegana y yogui kundalini. Vive en Venice, California, con sus dos gatos y su novio músico. Para obtener información sobre sus talleres, sus escritos y sus apariciones públicas, así como para suscribirte a su *newsletter* mensual gratuita, visita www.tesswhitehurst.com.

Índice

Agradecimientos

A mi madre, por enseñarme que ser yo misma era lo mejor y lo único que podía ser, y por hablarme en la lengua de la magia desde antes que yo naciera siquiera.

A mi padre, por enseñarme a cuestionarlo todo, por desafiarme a hacer exactamente lo que más quería hacer, y por decirme y demostrarme repetidamente que «hay más cosas en el cielo y en la tierra, Horacio, que las que sospecha tu filosofía».

A Ted Bruner, por todo.

A Sedona Ruiz, por hacer conmigo esos viajes audaces al País de las Maravillas, a Oz y a la Isla de Avalón, y por ser mi musa y mi amiga del alma.

A J. P. Pomposello por darme la idea de que podía escribir.

A Cheryl Hamada por transmitir el mensaje divino de que era el momento de empezar a trabajar.

A Mike Milligan y Courtney Lichterman, por los conocimientos generosamente compartidos y los incontables votos de confianza.

A Jonathan Kirsch, por sus expertos consejos y su apoyo emocional.

A Denise Linn, Ana Brett, Ravi Singh, Doreen Virtue, Louise Hay, Marina Medici, Karen Kingston, Terah Kathryn Collins, Scott Cunningham, Eckhart Tolle, Byron Katie, Joseph Campbell, Julia Cameron, Allen Ginsberg, Rob Brezsny y todos aquellos cuyo trabajo contribuye a hacer desaparecer las compuertas al infinito.

A Becky Zins por embellecer este libro y bendecirlo con su sabiduría y su experiencia.

A Cat Fusca, Elysia Gallo, Amy Martin, Bill Krause, Lisa Novak, Lynne Menturweck, Sally Heuer y todos quienes forman parte de Llewellyn por sus muchas oportunidades, aportaciones y contribuciones perfectas.

A la Diosa, al Arcángel Miguel, al Arcángel Metatrón, a las hadas y a todo el resto de mis guías y ayudantes espirituales.

Y, finalmente, a *Smoke*, el gato mágico que me espera en el más allá.

Introducción

ESTABA SENTADA a la sombra de un grupo de robles en el norte de California, escuchando una conferencia sobre cómo hacer hechizos de amor y afrodisíacos herbales. De repente, como por arte de magia, la profesora recalcó la importancia de despejar el desorden. «Que haya cosas viejas estancadas en vuestro hogar implica que hay cosas viejas estancadas en vuestra mente, vuestro cuerpo y vuestras emociones. Es un equipaje que complica vuestra vida y vuestras relaciones», dijo.

Fue la primera vez que pensé en serio en la conexión entre mi hogar y mi vida. Aunque entonces no me di cuenta, aprender a ver esta conexión iba a ser la clave que activaría fuertemente mi camino espiritual y me daría una orientación más que necesaria en mi búsqueda constante para mejorar yo misma y para mejorar mi vida. En aquel momento empecé a comprender que mi estado de ánimo, mi relación conmigo misma y la forma en que me expresaba al mundo estaban muy íntimamente relacionados con las sensaciones que tenía en y sobre mi hogar. Y, como vivía gran parte de mi vida en mi casa, empecé a percatarme de que ésta conformaba literalmente la estructura de mi realidad.

Como describo en el primer capítulo, comencé leyendo *Libérate con el Feng Shui* de Karen Kingston y empecé, consiguientemente, a despejar el desorden de mi piso como una loca. La ligereza y la claridad que conseguí con ello fueron tan profundas que me sentí otra persona casi de inmediato. Durante años, había luchado con la depresión, la discordia en mi relación con mi novio, dramas familiares, problemas económicos, la «incapacidad» para meditar, el acné, una negativa imagen corporal, la confusión sobre mi carrera profesional y una «mala suerte» general. Todo eso empezó a desaparecer y a cambiar a medida que seguía deshaciéndome de trastos y objetos viejos, no deseados y no queridos de mi piso. La mayoría de condiciones negativas no desapareció de la noche a la mañana. De hecho, me costó algo de tiempo superar algunas de ellas (¡y unas cuantas todavía reaparecen a veces!), pero la energía estancada dejó de estar estancada, y supe, en el fondo, que por fin había empezado a aligerar fuertemente el equipaje de mi vida. Fue un alivio enorme.

Aunque llevaba años estudiando la magia y la metafísica antes de ponerme a despejar desenfrenadamente el desorden, de golpe todo empezó a cobrar sentido a un nivel mucho más profundo que antes. Puede parecer extraño, pero la diferencia palpable que sentí al desprenderme de cada maleta de trastos y objetos viejos era, de algún modo, una ventana que daba al campo sutil que lo rodea y lo llena todo, y que lo conecta todo entre sí. Finalmente empezaba a percibir la energía de forma experiencial. Eso hizo que quisiera leer más sobre despejar el espacio energético y busqué libros que parecían hacerse eco de lo que yo ya sentía intuitivamente. Fue entonces cuando descubrí las prácticas más sutiles y más intuitivas del feng shui, como las que enseña Denis Linn (*Space Clearing A-Z*), Terah Kathryn Collins (*Feng Shui para occidente*) y David Daniel Kennedy (*Feng shui para dummies*).

Tras haber despejado y limpiado como nunca en mi vida, compuse y realicé un intenso ritual para despejar el espacio y bendecir el hogar que combinaba los principios mágicos naturales con los que llevaba años trabajando y los conocimientos nuevos (para mí) del despeje del espacio y del feng shui que había estado estudiando. ¡Y fue realmente intenso! Encendí velas, invoqué los cuatro elementos, di palmadas, quemé salvia, usé campanillas, todo. Cuando terminé, había generado tanta energía que la habitación daba vueltas. Tuve que echarme para tomarme un largo respiro antes de poder conectarme suficientemente con la tierra y volver a la realidad cotidiana. Aunque ya había efectuado rituales antes, era la primera vez que sentía aquella cantidad de poder de modo tangible durante un ritual. ¡Y hay que ver si cambió las cosas! La habitación casi parecía vibrar y brillar. Era como si alguien hubiera aumentado los vatios de las luces o abierto una ventana que siempre había estado cerrada.

Ahora, mirara el lugar que mirara de mi hogar, veía cosas que me encantaban y que prácticamente resplandecían de energía positiva. Lo que antes había sido simplemente un piso era ahora un espacio sagrado que me inspiraba, me alimentaba y me levantaba el ánimo. ¡Y eso fue tan sólo el principio! Los años posteriores, asistí a la Western School of Feng Shui ('Escuela Occidental de Feng Shui'), monté mi consulta particular de feng shui y empecé a escribir y a dar conferencias sobre los principios en los que estaba trabajando con regularidad. Y, lo mejor de todo, mi vida se caracterizaba ahora por una armonía y un flujo alegres, desconocidos para mí hasta entonces.

Por si todo eso fuera poco, trabajar con las energías mágicas en mi hogar me ha llevado a aumentar continuamente mi intuición: mi capacidad de sentir las energías que emanan de los objetos, las personalidades características de las plantas y los pensamientos y los sentimientos de las personas y los animales. En algún momento me volví vegana, porque conectaba tan intensamente con los animales que percibía claramente el dolor y el sufrimiento en los productos y los alimentos de origen animal. Después me hice crudivegana, porque notaba las cualidades curativas y concienciadoras de los alimentos vegetales vivos, y porque estaba convencida de que esto me ayudaría a vivir en una maravillosa armonía con el planeta y el universo. Vivir de esta forma (por lo menos la mayor parte del tiempo, porque alguna que otra vez me tomo unas cervezas o me como unas patatas fritas) ha intensificado todavía más mi intuición y mi conexión con los reinos energéticos más sutiles, y ha contribuido, sin duda, a mi percepción de las cualidades metafísicas de las plantas, los animales, los cristales, los colores, etc.

Mi camino también me ha llevado a darme cuenta de que el ecologismo no es sólo por el bien del planeta. Es por nuestro propio bien: estar conectado con la tierra y ser respetuoso con la naturaleza es un requisito indispensable para alcanzar una felicidad verdadera y duradera. Y nuestro hogar es el lugar ideal para empezar; después de todo, es nuestro rincón personal de la Madre Tierra y el único sitio en el que podemos decidir el trato que ésta recibe. Y, cuando la tratamos bien, ella nos trata bien. Del mismo modo que nos encanta hacer regalos a las personas que nos aprecian y que agradecen los regalos pasados que les hemos dado, a la diosa tierra le encanta colmarnos de regalos de cuidados maternales y abundancia cuando la respetamos y vivimos movidos por el agradecimiento. Por este motivo verás que a lo largo del libro recomiendo hábitos ecológicos, como el respeto a las plantas y los animales y el uso de velas de cera de soja y de productos de limpieza ecológicos.

Todo está conectado, y cada centímetro y elemento del mundo físico está lleno de una fuerza vital invisible y de una energía mágica única. He escrito este libro porque estoy segura de que cada uno de nosotros tiene la capacidad innata de sentir, cambiar, encauzar y dirigir estas energías para crear condiciones positivas y manifestar los auténticos deseos de nuestro corazón; puede que no de la noche a la mañana, y quizá no exactamente del modo que esperamos, pero eso sería aburrido de todas formas. Además, vivir mágicamente tiene que ver con el viaje, y he descubierto que es el viaje más apasionante y gratificante que podríamos emprender.

Con mucho cariño,

Tess

1

Despejar el desorden

TODO ESTÁ CONECTADO. Cuando observamos nuestros hogares teniendo esto en mente, vemos que son como extensiones, o reflejos, de nuestros cuerpos, nuestras vidas y nuestros paisajes emocionales. Esto ilustra el famoso precepto mágico de Hermes Trismegisto, «Como es arriba, es abajo». Arriba, el mundo visible y manifestado exteriormente (nuestro hogar), y abajo, el mundo invisible y manifestado interiormente (nuestros pensamientos, sentimientos y experiencias), no son sólo reflejo uno de otro, sino que también son el mismo.

Esta conexión entre lo visible y lo invisible, en lo que se refiere a las moradas personales, es algo de lo que ya somos conscientes. Por ejemplo, la próxima vez que mires una película, fíjate en las casas de los personajes. Si es el hogar de una pareja feliz, fíjate en las pistas de los decorados que te permiten saberlo. Seguramente verás cosas como colores cálidos, fotografías felices y flores frescas. En el hogar de una pareja desdichada, en cambio, verás probablemente tonos fríos y apagados por todas partes, superficies duras y relucientes y adornos austeros o escasos. De modo parecido, la casa de un personaje feliz estará relativamente ordenada y agradablemente iluminada, mientras que la de un personaje deprimido puede recordar una cueva, estar abarrotada y disponer de una iluminación demasiado fuerte o demasiado tenue. Fíjate en lo deprisa que hacemos suposiciones sobre la vida de los personajes basándonos en sus hogares. Podemos hacerlo porque, de modo innato, somos conscientes de que las mismas pautas son ciertas en la vida real.

Además, es probable que hayas vivido ya la experiencia de deshacerte de trastos viejos y sentido un aumento sorprendente de tu cantidad de claridad, comodidad, energía y alegría. Estas sensaciones positivas proceden de cosas como ser capaz de encontrar exactamente lo que estás buscando, de estar rodeada exclusivamente de lo que te gusta mirar, de no tener la responsabilidad de cuidar y de albergar un puñado de objetos que no te importan demasiado y de abrir el armario y verlo lleno de ropa que te sienta de maravilla.

No sólo eso, sino que desde un punto de vista mágico, el desorden representa y contiene energía pesada, estancada, que puede hacer que te resulte difícil, por no decir imposible, avanzar en la vida. Deshacerte del desorden libera esta energía estancada, lo que permite que tu vida fluya de un modo más sano, feliz y optimista.

La primera vez que despejé a fondo el desorden vivía en un piso diminuto (pero adorable) de Hollywood con mi novio y mi gato. Acababa de leer un libro titulado *Libérate con el Feng Shui* de Karen Kingston, y me transformé en un tornado de simplicidad, repasando un cajón tras otro, y un armario tras otro, tirando, dando, reparando lo que estaba estropeado y terminando proyectos inacabados. No paré en dos semanas, y tiré o di más de ocho bolsas grandes de la basura llenas de trastos y objetos innecesarios. Me sorprendió haber tenido espacio suficiente para todo lo que había acumulado. Y, cuando hube terminado, empecé a comer de modo más saludable (no tener desorden en mi casa hacía que no quisiera introducir desorden en mi organismo), a hacer más ejercicio (la energía estancada había desaparecido de mi hogar, y yo sentía una energía y una ligereza naturales) y a sentirme más inspirada y reforzada (ya no tenía la sensación de ser esclava de mis posesiones, y me sentía como si hubiera recuperado mi vida y pudiera elegir en qué quería centrar mi atención y mi energía). Terminé perdiendo 4,5 kilos sin intentarlo y, como me había desprendido de un montón de prendas de vestir que no me gustaban, creé espacio para otras con las que sí me sintiera a gusto. Gracias a ello, «resultó» que recibí una cantidad enorme de ropa nueva de mi prima, cantante de un exitoso grupo de punk rock, que «resultó» tener mi misma talla y que solía recibir más ropa de diseño gratis de la que podía ponerse o colgar en su armario.

Despejar el desorden es una práctica muy poderosa que te ayuda a alinearte con los reinos sutil y energético. Cuando echas un vistazo a tu hogar y sintonizas con cada objeto para decidir si está potenciando tu energía o si te la está minando, estás ajustando mucho tu campo energético y el campo energético de tu hogar, y despejando el terreno para que las bendiciones mágicas irrumpan en tu vida.

Cuando despejo el desorden, me resulta útil no preocuparme por lo que usaré en lugar de lo que me desprendo. Así, por ejemplo, si no te gusta la mesa de tu cocina y, al deshacerte de ella, estás un tiempo sin tener mesa en la cocina, siéntate a comer en el sofá, en el suelo o en el comedor hasta encontrar o recibir mágicamente una mesa de cocina que te encante. Es seguro, y liberador, morar en el espacio entre una mesa de cocina y otra, y no tiene nada de malo que estés un tiempo sentándote en el suelo para comer los cereales. Pero no hagas nada que no te resulte cómodo, por supuesto. Si te hace sentir mejor conservar la vieja hasta poder sustituirla por la nueva, hazlo. Y, a veces, eso es más práctico, como si quieres renovar todas las toallas de tu cuarto de baño.

Categorías de desorden

En cuanto al desorden, por regla general, si no te gusta o no lo necesitas, *deshazte de ello*; no importa lo que sea, quién te lo dio, cuánto tiempo hace que lo tienes o qué representa. Aun así, tal vez te sea útil conocer los distintos tipos de desorden para poder realizar una batida de limpieza de tu hogar eficiente y eficaz sin que nada se escape de tu mirada poderosamente purificadora.

Papel

Esta categoría incluye viejos recibos, notas de amor de relaciones pasadas, ofertas de tarjetas de crédito, listas de «cosas que hacer», garantías de aparatos que ya no posees, felicitaciones de cumpleaños de hace tres años (o del año pasado), vales de descuento caducados o vales de descuento que seguramente jamás usarás, etc. Ataca cualquier archivador, cajón de los trastos,[1] rincón de tu escritorio o cualquier otro lugar donde tienda a acumularse el desorden en forma de papel.

Ropa

Si no te queda bien o no te encanta, deshazte de ella. Si estás esperando a perder unos kilitos o a poder permitirte adquirir ropa nueva, deshazte de ella. Mereces tener un armario que sólo contenga prendas que te queden de maravilla *tal como estás ahora*, aunque eso conlleve tener sólo tres conjuntos en el perchero durante un tiempo. Cada vez que ves ropa que no te gusta o que te pondrás «algún día», tu autoestima se resiente y, por consiguiente, te cuesta más perder peso y/o recibir abundancia. Desprenderte con valentía y hacer sitio a ropa que te encanta es una afirmación de autoestima y de conciencia de la prosperidad, y, si lo haces con mucha fe, tendrás los recursos para obtener ropa nueva que sea perfecta para ti exactamente cuando la quieras o la necesites.

---

1. *Sí* recomiendo tener un cajón de los trastos, porque hay algunas cosas que no parecen encajar en ninguna otra parte. Simplemente, asegúrate de despejarlo a menudo.

Libros

Me gusta leer toda clase de libros, pero eso no significa que me guste *poseer* toda clase de libros. Por ejemplo, si fuera a vivir eternamente, podría plantearme leer obras de ficción más de una vez, pero como hay tantos libros en el mundo, y jamás tendré tiempo de leerlos todos durante esta vida, seguramente sólo leeré una vez la mayoría de novelas y de libros de relatos cortos, aunque hay algunas excepciones. Por este motivo, mi biblioteca está llena principalmente de libros de consulta. En mi caso, eso significa libros sobre yoga, feng shui, cristales, hierbas, árboles, magia, etc. En el tuyo, podría significar libros sobre esgrima, cocina, astronomía, obtención de financiación o cualquier otra cosa. Básicamente, conservo sólo los libros que volveré a abrir, lo que incluye excepciones a la norma sobre la ficción tales como *Las nieblas de Avalón* y las *Obras completas de Shakespeare*. (Una vez más, seguramente las tuyas serán otras.) El resto, los libros que leí una vez y nunca volveré a leer, los pido prestados en la biblioteca o los compro y después los dono a la biblioteca. Si perteneces a una familia como la mía, de la clase que conserva todos los libros pase lo que pase, puede que al principio esta idea te parezca espantosa, como me pasó a mí. Pero cuando te des cuenta de la cantidad de espacio añadido que tienes, y de lo mejor que se ve tu casa cuando no está atestada de todos los libros que has tenido y leído en tu vida, te acostumbrarás, sin duda, a la idea.

Adornos

Cuando un adorno cumple su cometido, te hace sentir bien cada vez que lo miras. Aporta belleza al ambiente y alegría a tu corazón. Cuando no cumple su cometido, es desorden. Esto incluye flores o plantas de seda o secas que están deslucidas, cosas que han dejado de gustarte o que nunca te gustaron. También incluye imágenes que te deprimen o que retratan una condición que no te gustaría vivir en primera persona. Por ejemplo, nadie puede negar que *El grito* de Edvard Munch es una obra de arte asombrosa. Sin embargo, si lo miras todos los días, tanto si eres consciente de ello como si no, afectará a tu vida a un nivel muy profundo y es muy probable que te alinee con sentimientos de miedo, soledad, peligro y locura. Por esta razón, es mejor que cuadros como *El grito* estén en un museo. Por otra parte, *El beso* de Gustav Klimt no sólo es una obra de arte asombrosa desde cualquier punto de vista, sino que, si la miraras todos los días, lo más probable es que infundiera sentimientos de calidez, romance, pasión y alegría a tu vida.

Muebles

Si un mueble no encaja en tu casa y lo conservas porque era caro, es desorden. Si compartiste con una expareja con la que conviviste la cama en la que duermes, ésta conserva la energía de la vieja relación y está dificultando que se manifieste una nueva relación o una relación que no te recuerde la antigua. Lo mismo es válido para los sofás y las mesas de comedor. Otros muebles de los que tal vez quieras desprenderte son los muebles que ya no te gustan, los muebles que te parecen incómodos al sentarte y los muebles con los que siempre te golpeas la espinilla o el dedo gordo del pie.

Regalos

Si no te gusta algo, aunque fuera un regalo, ¡deshazte de ello! Tu casa es un lugar muy mágico y sagrado. No introduzcas en él energía de culpabilidad conservando regalos que no te gustan. Respeta el regalo y a quien te lo hizo dando cualquier regalo que no te guste a alguien que lo valore.

Comida

Sé realmente sincera. ¿Te vas realmente a comer lo que queda de esa salsa de mango que lleva meses en el fondo de la nevera? ¿Y qué me dices de esas tortillas de harina quemadas por congelación o de aquella barrita nutritiva con sabor a algo extraño que compraste por error? ¿No? Ya me lo parecía.

Desorden en el coche

Éste es muy importante para mí. No sé cómo, pero se me acumulan cosas en el maletero y en el asiento trasero. Cuando despejo el coche, siempre me siento mucho mejor, y tengo siempre la impresión de que el coche también va mejor (aunque seguramente son imaginaciones mías).

Proyectos inacabados o cosas estropeadas

Los proyectos inacabados pueden hacerte sentir culpable o abrumada cada vez que los ves. Cuando te los encuentres al despejar el desorden, termínalos o deshazte de ellos. Esto incluiría el proyecto de costura en el que perdiste interés, el álbum de recortes que nunca llegaste a hacer o el montón de leña que pensabas cortar para la chimenea. Lo mismo es válido para las cosas estropeadas. Repáralas, sustitúyelas o, simplemente, deshazte de ellas. Eso hace que todo fluya mejor y aporta calma y serenidad a todos los ámbitos de tu vida. Esto incluye bisagras que chirrían, puertas o cerraduras que se atascan, cajones que se caen al abrirlos, etc. Ahora bien, si algo está técnicamente estropeado pero sigue funcionando y no te fastidia demasiado (como la lámpara que tengo junto al ordenador y que enciendo y apago girando la bombilla, o la tostadora de doble ranura que sólo tuesta por un lado), no te obsesiones.

Objetos asociados a recuerdos negativos

Tal vez tengas un pañuelo precioso… que te regaló el psicópata de tu ex. O un cuadro espectacular… que te dio aquella tía abuela tan dominante con la que nunca te llevaste bien. Aunque lo único que tenga algo es que te recuerda un período de tiempo o una persona que te gustaría dejar atrás, plantéate desprenderte de ello.

Cómo saber si es desorden

Por regla general, si no te gusta, no necesitas o no usas algo, ha llegado el momento de desprenderte de ello. Pero, si no estás del todo segura de si es desorden o no, a continuación encontrarás tres sencillos métodos que te ayudarán a averiguarlo.

Método 1: el método místico

Sostenlo en las manos o pon las manos sobre él. Cierra los ojos, relájate y respira hondo varias veces. Capta el sutil intercambio de energía entre tú y el objeto. ¿Cómo te sientes al sintonizar con él? ¿Feliz? ¿Triste? ¿Animada? ¿Cansada? Dicho de otro modo, ¿parece aportarte energía o restártela? ¿O ni una cosa ni otra?

Si notas/imaginas/sientes que te está aportando energía positiva, no es desorden. Si notas/imaginas/sientes que te está restando energía positiva, es desorden. Si no hace ni una cosa ni otra, tal vez quieras pasar al método 2 o al método 3.

Método 2: el método del trato energético

Piensa en toda la energía que dedicas a albergar este objeto y a cuidar de él. En primer lugar, está ocupando una parte del inmueble en el que vives: se trata de un espacio por el que pagas mucho dinero, y de un espacio que podría usarse para o estar ocupado por otra cosa. Piensa también en el mantenimiento que precisa. Por ejemplo, puede que cada semana dediques tiempo a limpiarlo. También podría quitarte un poquito de valiosa energía cada vez que piensas en él si te recuerda una época o una persona que no era del todo positiva (aunque no pienses en ello conscientemente) o si te tensa o te enoja de algún modo. Una vez hayas calculado mentalmente la energía que ofreces a este objeto, piensa en la energía positiva que él te ofrece a ti: te resulta útil, te hace feliz, etc. Después, pregúntate si te sientes a gusto con el intercambio energético. ¿Es un buen trato? ¿Te sale a cuenta conservar este objeto? ¿O es desorden?

Método 3: el método de la mudanza imaginaria

Siéntate cerca del objeto, respira hondo varias veces y cierra los ojos. Imagina ahora que vas a mudarte, ¡y es una sensación maravillosa! Estás muy contenta de irte a vivir a una nueva casa, y tal vez a una nueva ciudad, porque, en el fondo, sabes que vas a iniciar una nueva vida que te va a permitir redefinirte y manifestar alegremente todos los deseos de tu corazón. Imagínate contratando a una empresa de mudanzas o alquilando un camión de mudanzas y metiendo en cajas todos tus queridos objetos. Ahora abre los ojos y mira el objeto. ¿Quieres llevártelo a esta hermosa vida nueva? ¿Encaja con tu imagen más ideal de ti misma? ¿Vale la pena el tiempo y el esfuerzo de empaquetarlo y trasladarlo? Si la respuesta a cualquiera de estas preguntas es no, se trata de desorden.

Tras hacer un primer despeje del desorden a conciencia, lo que podría llevarte un día, un mes o un año, según tus anteriores costumbres, es importante despejar el desorden regularmente. Ello obedece a que acumular cosas ha pasado a formar parte de nuestra forma de vida. Propaganda por correo, regalos de cumpleaños, compras impulsivas y millones de otras vías suelen renovar nuestro acopio de desorden con rapidez. En mi caso, despejar regularmente el desorden significa repasar todos mis libros, mis prendas de vestir y mis papeles por lo menos una vez al mes para deshacerme de todo lo sobrante. Entre cada cuatro y seis meses, reviso también todos mis armarios, mis estantes, el maletero de mi coche, la nevera, etc. para asegurarme de que sólo estoy conservando cosas que poseen energía útil y vibrante. Noto que necesito hacerlo cuando empieza a costarme tener la casa limpia o cuando me noto creativa o emocionalmente estancada. Una vez adquieres la costumbre de carecer de desorden, te vuelves más sensible a la energía, lo que no sólo potencia tu felicidad, tu intuición y tus intervenciones mágicas, sino que también te ayuda a darte cuenta de cuándo es necesario despejar a fondo el desorden.

. . . .

Ritual de activación del despeje del desorden

Cuando sabes que tienes que despejar a fondo el desorden, empezar a hacerlo puede resultarte un poco pesado. ¡Pero no temas! Aquí está el ritual de activación del despeje del desorden. Sólo necesitas una vela blanca grande (de cera de soja o vegetal, a ser posible) y una taza de una bebida caliente, deliciosa y vigorizante, como el café o el té negro (o, si no ingieres cafeína, la menta o el té de jengibre van igual de bien).

Antes de preparar la bebida, decide por qué área deseas empezar. Elige una que no te abrume demasiado pero que tal vez te haga esforzar un poquito. Te sugiero algo como un escritorio o un armario, pero, si te parece demasiado, hasta podrías decidir que estás dispuesta a empezar con un solo cajón o estante. Como en el yoga, esfuérzate un poco, pero no te excedas. Sólo tú conoces tus límites.

Una vez hayas decidido esta área de inicio, recorre el interior y el exterior del área dando palmadas muy fuertes para desbloquear y liberar la energía contenida dentro. Después, lávate las manos y prepara la bebida. Antes de encender la vela, sostenla con ambas manos y concéntrate en ella mientras dices:

Triunfo sobre el desorden de todas las formas.
Soy la dueña de mis dominios.

Enciende la vela y siéntate delante de ella. Sujeta la bebida con ambas manos y concéntrate en ella mientras dices:

Ahora cargo esta bebida con las energías de la pureza,
la ligereza y la motivación.

A continuación relájate totalmente mientras saboreas la bebida, a sabiendas de que estarás preparada y dispuesta (y puede que incluso entusiasmada) para empezar tu proyecto de despejar el desorden en cuanto hayas terminado el último sorbo. Deja que la vela siga ardiendo mientras lo haces, y no te sorprendas si terminas despejando un poco más de lo que habías previsto. Enciende la vela cada vez que despejes, y repite el ritual si así lo deseas.

Despejar el desorden interior

Al despejar el desorden de tu entorno físico, es inevitable que tu desorden interior (llamado también equipaje) aflore a la superficie. Es algo que todos sabemos a nivel intuitivo, lo que, irónicamente, suele ser lo que mantiene nuestro desorden exterior en su lugar. En lugar de mirar y sanar nuestros asuntos antiguos y dolorosos, preferimos mantenerlos ocultos en cajones y rincones oscuros de armarios, diciéndonos a nosotros mismos que ya los abordaremos más adelante.

A continuación encontrarás descripciones de los tres principales tipos de desorden interior, junto con sugerencias sobre cómo despejar cada uno de ellos de tu mente, cuerpo, espíritu y/o emociones. Puedes hacerlo a la vez que despejas el desorden exterior o, si tienes problemas para iniciar el proceso, tal vez quieras empezar a nivel interior para comenzar a desbloquear y liberar la energía estancada de tu vida. Da igual cómo lo hagas, empezar a liberar y disipar la energía estancada de tu vida hará que el proceso cobre fuerza y que todo fluya, como el primer hielo que se derrite y fluye desde lo alto de una montaña nevada.

Toxinas físicas

Desintoxicar tu cuerpo de modo regular puede ayudarte a purificarte de las toxinas acumuladas que afectan no sólo a tu cuerpo, sino también a tu mente y a tus emociones. Es importante adquirir la costumbre de desintoxicarte bebiendo todos los días una cantidad de onzas de agua equivalente por lo menos a la mitad de tu peso corporal en libras.[2] También te aconsejo suprimir la carne y otros productos animales, el azúcar blanco, la harina blanca y los aditivos artificiales de tu dieta, ya que contienen vibraciones densas, negativas y poco saludables, y contribuyen a la acumulación de toxinas en el organismo. Y come toda la fruta y verdura fresca posible para nutrirte y facilitar la eliminación suave de las toxinas. Si quieres más información sobre hábitos alimentarios saludables, consulta *Conscious Eating* de Gabriel Cousens y *Eating in the Light* de Doreen Virtue y Becky Prelitz.

A continuación encontrarás otros hábitos de desintoxicación regular que tal vez te apetezca probar:

. . . .

Cóctel de cayena

Mi amiga Jennie Chester Moran, que es entrenadora crudívora, me enseñó a prepararlo. (Aunque yo añadí el agave a la receta.) No sólo es delicioso y vigorizante, sino que además desintoxica muchísimo el hígado y el aparato digestivo. Me gusta beberlo en cuanto me despierto para poner en marcha mi digestión y mi metabolismo, pero puedes tomarlo cuando quieras.

---

2. Nota de Trad.: 1 kg equivale a 2,2 libras y 1 onza equivale a 29,57 ml.

INGREDIENTES:

1 limón

Alrededor de ¼ cucharadita de cayena (más o menos, al gusto)

Estevia (un endulzante vegetal sin calorías) al gusto

Sirope de agave (un endulzante crudo parecido a la miel) al gusto

2 tazas de agua

Usa un exprimidor para extraer el zumo del limón (usa sólo la mitad si el limón es grande). En un vaso alto, mezcla todos los ingredientes.

· ·

Zumo de belleza

Esta bebida no es tan deliciosa como el cóctel de cayena, pero es muy nutritiva y purifica mucho la sangre y los órganos internos. También posee la ventaja añadida de aclarar y embellecer la piel, de ahí su nombre.

INGREDIENTES:

Un puñadito de cada una de las siguientes hierbas secas: raíz de bardana, raíz de diente de león, ortigas, flores de trébol rojo

1 taza de zumo de aloe vera

5 tazas de agua

Llevamos un cazo mediano con agua a ebullición. Añadimos el puñado de bardana y el puñado de diente de león. Tapamos, reducimos el fuego a lento y cocemos 10 minutos. Añadimos el puñado de ortigas, tapamos y cocemos 5 minutos más. Retiramos del fuego y agregamos las flores de trébol rojo. Tapamos y dejamos 10 minutos en remojo. Colamos y dejamos enfriar. Incorporamos el zumo de aloe vera y bebemos entre 225 g y 680 g al día.

· ·

Sales de baño

Darse un baño de 40 minutos (o más) una vez a la semana por lo menos es una forma fantástica de liberar toxinas por los poros de la piel. Asegúrate de tener a mano mucha agua para beber. Llena la bañera de agua caliente y disuelve en ella 2 tazas de sales de Epsom, ¾ de taza de sal marina y ½ taza de bicarbonato de soda. Añade unas gotas de aceite de lavanda para obtener una relajante y emocionalmente purificante aromaterapia si te apetece, y disfrútalo.

· ·

Ejercicio

Hacer regularmente ejercicio que hace sudar, como correr, andar o bailar, contribuye a mover tu energía y te purifica de dentro hacia fuera. El yoga es también muy purificador, ya que estimula tus músculos y órganos internos de un modo que les ayuda a liberar tensión y toxinas.

Resentimientos, quejas y viejas heridas

A todos, en ciertos momentos del pasado, nos han hecho mucho daño y nos han tratado mal. Durante mucho tiempo puse empeño en aferrarme a mi dolor y a mi ira, y a cierto nivel esos sentimientos me definían incluso. Pero ahora veo que, si me aferro al dolor o culpo a alguien por hacerme algo, estoy cediendo mi poder. Estoy, de hecho, diciendo: «No tengo poder sobre mi propia vida. Esa persona (o condición) tiene poder sobre mí y no soy capaz de hacer nada al respecto». Empezar a perdonar y a dejar atrás estas viejas heridas nos permite dar el primer paso para recuperar nuestro poder y encontrar la paz en nuestra vida. Recuerda: no perdonamos por el bien de los demás, sino por nuestro propio bien.

No hará más de un año, sentí la enorme alegría del perdón. Todo comenzó cuando mi padrastro, al que hacía mucho tiempo que no veía, se puso en contacto conmigo por Internet. Aquel hombre había abusado de mí cuando yo era adolescente, y cuando se puso en contacto conmigo me percaté de que había ignorado adrede lo víctima que me sentía y la enorme ira que todavía albergaba tantos años después. Tras un profundo examen de conciencia, finalmente fui capaz de perdonarlo y le respondí con un largo correo electrónico en el que le hacía saber que sus actos estaban realmente mal, pero que me había dado cuenta de que tenía que haberlos llevado a cabo impulsado por una profunda vergüenza y autoodio. Le hice saber que me compadecía de él y que lo perdonaba. (¡Y lo decía de verdad!) Después de enviárselo, sentí un nivel muy profundo de satisfacción y de alivio, como si me hubieran quitado algo pesado de encima del estómago y los pulmones. Poco después, me respondió con una confesión y una disculpa, lo que fue la guinda del pastel. Me sentí tan reforzada que me propuse contar a mi madre lo que había sucedido, lo que me permitió superar (y finalmente liberar) más ira aún; una ira que ni siquiera era consciente de albergar. Esta experiencia desató un torrente de perdón y, como consecuencia de ello, sentí que una enorme cantidad de poder volvía a mí. Y tuve la fuerte intuición de que sacar a la luz los abusos también permitió a mi madre y a mi expadrastro sanar y liberar mucha de la vieja energía negativa que rodeaba ese asunto.

Aunque a veces es inmediato, en realidad perdonar y dejar atrás puede llevar cierto tiempo, así que ten paciencia contigo misma. A continuación encontrarás un ejercicio que puedes hacer para poner las cosas en marcha.

. . . .

Claves de la libertad

En tu diario o libreta escribe «claves de la libertad» en la parte superior de la página. Debajo, elabora una lista de todas las personas, condiciones y situaciones hacia las que guardas resentimiento. Elabora una lista con todo lo que te hace sentir como una víctima de algún modo. Sigue escribiendo hasta haber anotado todo lo que se te ocurra. Cuando hayas terminado, relaja tu cuerpo y respira hondo varias veces. Después repasa la lista, detente en cada elemento de la lista, cierra los ojos e imagínalo. Una vez hayas evocado la imagen o sentimiento relacionado con él, di mentalmente a la persona o situación que estás dispuesta a perdonarla, porque estás preparada para recuperar el poder que les has cedido. No tienes que ser realmente capaz de perdonar todavía, sólo tienes que estar *dispuesta* a perdonar. (Si te resulta difícil estar siquiera dispuesta, es excelente que lo averigües, ya que debes tener mucho de tu poder ligado a este asunto. En este caso, acepta el desafío y ten paciencia contigo misma. Tal vez quieras abordar la cuestión desde otro ángulo, como buscar asesoramiento o sanación energética, o despejar primero el desorden físico.) El mero hecho de estar dispuesta a perdonar empezará a liberar la energía negativa que rodea este asunto, lo que a la larga te permitirá recuperar tu poder. Después del ejercicio, decide conscientemente perdonar totalmente el pasado y seguir adelante con tu vida. A mí me resulta útil evocar mentalmente todo el amor y la compasión posibles y enviarlos hacia cualquier persona o situación con la que tengo un problema.

Para más orientación sobre perdonar y dejar atrás resentimientos, quejas y viejas heridas, te recomiendo encarecidamente *Necesito tu amor, ¿es verdad?*, de Byron Katie y Michael Katz. Tratamientos curativos como el masaje y la terapia craneosacral también pueden servir realmente de ayuda en el proceso del perdón.

Creencias limitantes

Nuestros pensamientos y sentimientos crean nuestra realidad, y nuestras creencias subrayan nuestros pensamientos y sentimientos, de modo que los definen sutil pero profundamente. Para usar otro ejemplo de mi propia vida, durante muchos años trabajé en empleos que no me gustaban, y, aunque tenía la sensación de trabajar constantemente, seguía estando abatida y sin blanca. Finalmente (gracias, Diosa), empecé a ser consciente de las viejas creencias que tenía y que contribuían a crear y a perpetuar esta realidad para mí. Cuando crecía, tanto mi padre como mi madre trabajaban en empleos que no les entusiasmaban demasiado. De modos sutiles, también solían expresar que «andaban justos de dinero» o que estaban «preocupados por el dinero ahora mismo». Naturalmente, a través de su ejemplo, había adoptado creencias como «Tienes que trabajar en un empleo que no te gusta» y «El dinero siempre escasea». Una vez fui consciente de estas creencias, pude empezar a cambiarlas. Puse empeño en fijarme en gente que trabajaba en empleos que le encantaban y que tenía mucho dinero. Eso me ayudó a ver que mis creencias no eran siempre ciertas y que no tenían que ser ciertas para mí. También empecé a repetir diariamente afirmaciones como «Recibo constantemente abundancia de la Fuente Infinita» y «Tengo todas las puertas de una carrera profesional perfecta y un éxito perfecto abiertas, y ahora las cruzo gustosamente».

La culpa es otro efecto secundario paralizador de las creencias limitantes, normalmente creencias que incluyen la palabra «debería», tales como «Debería (o no debería) haber hecho esto o aquello», «A estas alturas ya debería tener más éxito», «Debería ser mejor persona de lo que soy», etc. Aferrarse a creencias de «debería» permite que la energía tóxica de la culpa se acumule en nuestra mente y en nuestras emociones, lo que crea condiciones estancadas y frustrantes en nuestra vida. Empezar a querernos y a aceptarnos tal como somos, y a perdonarnos por nuestros aparentes errores y defectos, nos saca de esa vieja energía negativa y hace sitio a la nueva energía positiva.

. . . .

Despejar las creencias

Mi amiga Karynne Boese, que es entrenadora personal, me enseñó esta técnica. Elige un asunto para el que te gustaría recibir ayuda, por ejemplo, el romance. Elabora después una lista de todas las creencias limitantes que tienes respecto a ese tema. Por ejemplo, podrías escribir cosas como:

- Las relaciones nunca funcionan.

- Tengo que renunciar a mi libertad y a pasármelo bien para tener una relación.

- Los hombres son un desastre.

Una vez has anotado todas las creencias limitantes que se te ocurren, anota en otra página una creencia contraria, menos limitante para cada una de ellas. Así, para las anteriores, escribirías algo como:

- A veces las relaciones funcionan.

- Puede que algunas relaciones me dieran todavía más libertad y me permitieran pasármelo mejor que ahora.

- Algunos hombres son realmente fantásticos.

Ahora, para cada nueva creencia que has escrito, escribe entre una y tres pruebas de que son ciertas. Así, siguiendo con el ejemplo anterior, podrías escribir:

- A veces las relaciones funcionan: la tía Jeana y el tío Al están realmente enamorados, y llevan juntos veinticinco años.

- Puede que algunas relaciones me dieran todavía más libertad y me permitieran pasármelo mejor que ahora: tal vez mi pareja me desafiara a probar nuevas diversiones que jamás se me habrían pasado por la cabeza; tal vez cuidaría de los perros mientras yo fuera a un retiro de yoga.

- Algunos hombres son realmente fantásticos: mi hermano es realmente fantástico; mi abuelo era encantador; Martin Luther King, Jr. fue una de las personas más extraordinarias que se me ocurren.

¡Ya has minado esas viejas creencias limitantes! Puede que todavía sigan ahí, pero ya no tienen el dominio que tenían antes sobre tu realidad. Sigue trabajando en las nuevas creencias, reléelas todos los días y sigue buscando pruebas de que son ciertas.

Para más información sobre dejar atrás creencias limitantes, tal vez quieras consultar *Usted puede sanar su vida* de Louise Hay y *Amar lo que es: cuatro preguntas que pueden cambiar tu vida* de Byron Katie y Stephen Mitchell.

Despejar el desorden es una actividad permanente

Siempre estamos incorporando cosas: propaganda por correo, regalos, compras impulsivas, experiencias, nuevas creencias e ideas, interacciones con los demás, etc. Así que, una vez has despejado todo lo que quieres y has disipado con éxito la energía estancada en tu hogar, tu mente, tu cuerpo y tus emociones, ¡no te detengas ahí! Adquiere la costumbre de purificarte a ti y de purificar tu entorno de modo regular. Tira siempre la propaganda que te llegue por correo en el contenedor de reciclaje. Escucha tus propias palabras para detectar cualquier creencia limitante que puedas tener para poder liberarla (p. e., «Siempre me pasa esto»). Observa si cargas con viejas heridas o albergas resentimientos que puedes perdonar. Revisa tus cajones y armarios cada uno o dos meses y despréndete de lo que no quieras o necesites. Bebe mucha agua y come mucha fruta y verdura fresca. Despejar el desorden es una actividad permanente y una práctica espiritual que nos conduce continuamente a una mayor liberación, ligereza, éxito, abundancia y alegría.

Lista para despejar el desorden

Desorden físico		
Papel		
		Viejos recibos
		Garantías antiguas y otros documentos innecesarios
		Propaganda por correo
		Felicitaciones y cartas de amor antiguas
		Vales de descuento caducados
Ropa		
		Ropa que no te va bien
		Ropa que no te gusta
		Ropa que te hace sentir poco atractiva o no demasiado atractiva
		Ropa que nunca llevas
		Ropa que hay que arreglar y sabes que jamás arreglarás
Libros		
		Cualquier libro que nunca volverás a abrir
Adornos		
		Cualquier adorno que no te anima o no te alegra
		Cualquier imagen que muestra una condición o sentimiento que no quieres vivir
		Flores o plantas secas o artificiales que se ven descoloridas, polvorientas, frágiles o muertas

Muebles	
	Cualquier mueble que no encaja en tu hogar
	Cualquier cama, sofá o mesa de comedor que compartiste con un ex
	Cualquier cosa que no te gusta
	Muebles con los que te lastimas o te tropiezas o que te resultan incómodos
Regalos	
	Cualquier cosa que conservas por un sentimiento de culpa o por obligación
Alimentos	
	Cualquiera que nunca vayas a comerte
Desorden en el coche	
	Basura
	Cualquier cosa que no tiene que estar en tu coche
Proyectos inacabados	
	Cualquier proyecto que no vayas (sinceramente) a terminar el mes siguiente
Objetos estropeados	
	Cualquier objeto estropeado que no puedes o no estás dispuesta a reparar (a no ser que todavía sea útil y práctico, y no te importe que esté un poco estropeado)
Objetos asociados a recuerdos negativos	
	Regalos o cosas de segunda mano de personas de quienes tienes recuerdos negativos
	Cualquier cosa que te recuerda una situación o un período negativos

Desorden interior	
Toxinas físicas	
	Suprime de tu dieta la carne, los productos lácteos, los huevos, el azúcar blanco, la harina blanca y los aditivos artificiales
	Aumenta la ingesta de agua, fruta fresca y seca, verdura fresca, zumos de frutas y verduras, infusiones de hierbas, hierbas limpiadoras
	Date baños con sal marina
	Haz ejercicio
Resentimientos, quejas y viejas heridas	
	Perdona, libera y sana: despréndete del viejo equipaje, anímate y ¡recupera tu poder!
Creencias limitantes	
	Nuestros pensamientos crean nuestra realidad, y nuestras creencias definen nuestros pensamientos: descubre y deja atrás creencias que te impiden vivir la vida de tus sueños

2

Limpiar

LIMPIAR LA CASA es una poderosa intervención mágica. Como (a) todo está conectado, y (b) tu entorno exterior refleja tu entorno interior, cuando limpias tu casa también estás limpiando tu mente, tu cuerpo y tu espíritu. Esto significa que limpiar tu casa te permite experimentar un aumento de energía, felicidad, claridad y salud, lo que a su vez aumenta tu capacidad de manifestar tus deseos y provee tu vida de condiciones ideales.

No sólo eso, sino que abordar la limpieza desde un punto de vista mágico en lugar de mundano transforma todos los aspectos de la experiencia. Ésta se convierte en una aventura de elevación de las vibraciones; una práctica transcendental, aromaterapéutica y concienciadora que activa y refuerza las energías mágicas de tu hogar. Y, si limpiar sigue sin gustarte, por lo menos tendría que resultarte un poco menos pesado.

Productos

Asegúrate de comprar o preparar productos de limpieza ecológicos. Reconocer y honrar nuestra conexión con la Madre Tierra nos ayuda a sentirnos conectados con Todo Lo Que Es. Además, cuando honramos la tierra, la tierra nos honra a nosotros. Y será más probable que las hadas merodeen por las plantas de tu casa y tus jardines si no utilizamos productos químicos agresivos o tóxicos en y alrededor de nuestra casa. (Hablaré más sobre las hadas más adelante.) Existen muchos productos ecológicos en el mercado y muchos libros sobre cómo prepararlos tú misma. Y puedes añadir aceites esenciales y esencias florales a tus productos para dar fuerza a tus intenciones. A continuación encontrarás unas cuantas ideas.

Aceites esenciales

Como seguramente sabes, los aceites esenciales son aromas vegetales muy concentrados, totalmente naturales, que puedes adquirir por Internet y en la mayoría de tiendas de productos naturistas. Añadir entre diez y veinte gotas de uno o más de estos aceites a tus productos de limpieza no sólo les conferirá una fragancia deliciosa, sino que también funcionará a nivel emocional para afectar positivamente a tu estado de ánimo y a tu experiencia vital, así como a las vibraciones energéticas de tu casa. Muchas soluciones de limpieza naturales ya contienen aceites esenciales, de modo que asegúrate de leer los ingredientes para hacerte una idea de las energías mágicas que ya están en funcionamiento en el producto. En la siguiente lista figuran algunos aceites esenciales que, según he observado, son especialmente útiles para limpiar. Ten cuidado al manejarlos, porque están muy concentrados y a veces pueden irritar la piel.

Cedro: espiritualidad, fuerza, altas vibraciones

Canela: prosperidad, altas vibraciones (ten cuidado con éste; puede irritar la piel)

Salvia romana: euforia, claridad

Lavanda: relajación

Limón: frescura, energía, felicidad

Menta: energía, amor, altas vibraciones

Rosa o geranio rosa: romance, espiritualidad, altas vibraciones

Romero: concentración, memoria

Mandarina: calidez, abundancia

Esencias florales

Una esencia floral puede parecer lo mismo que un aceite esencial, pero en realidad es algo totalmente distinto. Más que la fragancia de una planta, puede decirse que una esencia floral es una poción preparada. Es la vibración energética, o sabiduría emocional única de una flor, conservada en brandi y en agua. Las esencias florales suelen usarse como remedios homeopáticos, situadas debajo de la lengua o mezcladas con agua, pero yo también las utilizo en los cuidados mágicos de la casa para cambiar la vibración y la sensación del espacio. Como los aceites esenciales, puedes adquirir esencias florales por Internet y en la mayoría de tiendas de productos naturistas. Añade entre dos y cuatro gotas de la esencia que quieras a una solución de limpieza para aportar sus ventajas terapéuticas a tu hogar.

A continuación encontrarás algunas esencias florales que son especialmente adecuadas para añadirlas a los productos de limpieza:

Álamo temblón: te ayuda a sentirte segura en el espacio

Rescue Remedy de Bach: relajante y clarificador de la energía de un espacio; elimina la negatividad y cambia los desafiantes patrones de energía

Manzano silvestre: crea una sensación más limpia si el área o la energía se percibía sucia o pesada

Alerce: te ayuda a amar tu espacio y a enorgullecerte de él

Nogal: ayuda a relajar la energía en épocas de cambio

Castaño blanco: crea serenidad y calma; ideal si te has sentido abrumada en el espacio

. . . .

Bendición de una escoba

Si eres una cuidadora mágica de la casa, una escoba, por supuesto, no es simplemente una escoba, es una escoba *mágica*. Al barrer el suelo para eliminar la suciedad física, limpia a la vez tu hogar de energía negativa y de restos energéticos, lo que eleva las vibraciones y despeja el camino a sentimientos y condiciones positivos. Realizar este ritual para bendecir tu escoba (y/o aspiradora, que no es más que una versión modernizada de una escoba) activará totalmente su poder mágico y la consagrará para tus finalidades mágicas.

Nota: lo ideal es que la escoba o la aspiradora que bendigas con este ritual sea nueva.

INGREDIENTES:

Una sábana o toalla blanca

¼ de taza de sal

Una varilla de incienso de olíbano

Una vela de color blanco o hueso

Un atomizador de agua de rosas

Un día o una noche de luna llena, reúne los ingredientes y extiende la escoba sobre la sábana o toalla blanca. Enciende la vela y el incienso. Levanta la escoba y báñala en el humo del incienso mientras dices:

> *Invoco el poder del aire para bendecir esta escoba.*

Sostén ahora la escoba sobre la llama (ten mucho cuidado de que no prenda fuego) y di:

> *Invoco el poder del fuego para bendecir esta escoba.*

Vuelve a depositar la escoba sobre la tela y vaporízala ligeramente con agua de rosas (con un bombeo bastará) mientras dices:

> *Invoco el poder del agua para bendecir esta escoba.*

Espolvorea la escoba con la sal y di:

> *Invoco el poder de la tierra para bendecir esta escoba.*

Cuando te sientas preparada, sacude con cuidado la sal de la escoba sobre la tela. Levanta la escoba y sujétala con ambas manos. Cierra los ojos y siente el poder mágico despertado en la escoba. A continuación, imagina que una brillantísima luz blanca desciende hacia tu cabeza, te atraviesa la coronilla y te recorre el cuerpo. Imagina que esta luz fluye también hacia la escoba, como si la escoba fuera una prolongación de tu campo energético. Pasado un momento, di:

> *Esta escoba está ahora consagrada y bendecida.*
> *Bendita sea. Y así es.*

Apaga la vela y el incienso. Sacude la sal de la tela en la bañera y pon la tela en el cesto de la ropa sucia.

Limpiar

Mientras limpias, tal vez quieras escuchar música inspiradora para que la energía fluya de modo saludable. También podrías quemar incienso o difundir aceites esenciales en un quemador de esencias o cualquier otro difusor de fragancias para desbloquear y disipar la vieja energía que se está liberando. Además, dado que tu entorno exterior refleja tu entorno interior y viceversa, necesitarás beber mucha agua, porque limpiar tu casa estimulará el proceso de desintoxicación de tu organismo.

Una vez empieces a limpiar, trata de concentrarte en una zona. Escucha la música, huele los aceites esenciales y/o el incienso y dedica tu atención a cada objeto y área que limpies. Tu atención aportará vibraciones frescas y vitalidad a cada objeto y área, y te alineará con las energías de tu hogar. Pero, si te despistas, no te preocupes demasiado.

Algunos consejos para una limpieza racional y mágica:

- Si no está sucio, no lo limpies. Parece obvio, pero yo, hasta que lo aprendí, limpiaba a veces cosas que ya estaban limpias por costumbre o porque imaginaba que las recubría una capa invisible de polvo. Limpiar sólo lo que está sucio ahorra tiempo, energía y recursos.

- Limpia de arriba hacia abajo. Limpia una habitación por completo y pasa entonces a la siguiente. Esto también ahorra tiempo y energía.

- Por motivos ecológicos, usa materiales lavables en lugar de desechables siempre que sea posible.

- Periódicamente, cuando empiece a acumularse suciedad o polvo, limpia tras los objetos grandes como tocadores, sofás, cocinas y neveras, aunque tengas que pedir a alguien que te ayude a moverlos. Esto hace que la energía fluya de modo saludable.

- Barre a menudo el umbral de tu casa para que la energía positiva fluya hacia tu casa.

- Barre a menudo como práctica espiritual para crear claridad y hacer que la energía se mueva de modo saludable.

- Las ventanas representan la forma en que ves el mundo, y los espejos representan la forma en que te ves a ti misma. Ten las ventanas y los espejos limpios para tener unas perspectivas claras y saludables.

- La cocina representa salud y riqueza. Tenla limpia y reluciente para vigorizar tu cuerpo y tus finanzas.

Limpiadores de suelo mágicos

Los limpiadores de suelo mágicos son una forma potente de crear el espacio para lo que te gustaría vivir. Infunden una vibración magnética que facilita que el resultado deseado se produzca. Una vez hayas fregado el suelo como de costumbre, ya puedes empezar.

· ·

Limpiador de suelo para la prosperidad

INGREDIENTES:

Un cubo o un recipiente similar

Un puñado de hojas de albahaca fresca o una cucharadita de
hojas de albahaca seca

La peladura de una naranja
Aceite esencial de menta
Una fregona
Una olla o una caldera
Un atomizador (si tienes moqueta)

Introduce la albahaca y la peladura de naranja en la olla, llénala de agua y lleva a ebullición. Tapa, reduce el fuego a lento y cuece 5 minutos. Pon agua en el cubo y añade la infusión obtenida. Añade 7 gotas de aceite de menta al agua y remueve. Sostén las manos sobre el agua, cierra los ojos y visualiza que una brillantísima luz verde rodeada de centelleantes motas de polvo dorado desciende del cielo como un haz de luz, te atraviesa la cabeza, se dirige hacia tu corazón y abandona tu cuerpo por los dedos y las palmas de las manos para llenar generosamente la mezcla. Imagina que esta luz se arremolina con fuerza alrededor del cubo. Si tienes suelo alfombrado, pon un poco de la mezcla en el atomizador. Friega todos los suelos no alfombrados con la mezcla. Si el umbral o el porche delantero de tu casa puede fregarse, tal vez quieras fregar también esta área. Después, vaporiza ligeramente también el suelo alfombrado con la mezcla. También puedes vaporizar el umbral de tu casa con la mezcla si no puedes fregarlo.

. . . .

Limpiador de suelo para la armonía del hogar

INGREDIENTES:
Un cubo o un recipiente similar
Aceite esencial de mandarina
Aceite esencial de pomelo
Rescue Remedy de Bach
1 cucharadita de sal marina
Una fregona
Un atomizador (si tienes suelo alfombrado)

Llena el cubo de agua y añade 4 gotas de mandarina, 4 gotas de pomelo, 4 gotas de Rescue Remedy y 1 cucharadita de sal marina. Remueve en el sentido de las agujas del reloj. Pon las manos en posición de plegaria, cierra los ojos y di:

> *Diosa del Hogar, por favor, infunde vibraciones*
> *armoniosas a este limpiador y establece poderosamente*
> *las cualidades de la paz, la alegría y la felicidad*
> *entre estas paredes. ¡Gracias!*

Visualiza que una brillantísima y centelleante luz blanca y dorada llena la mezcla. Si tienes suelos alfombrados, pon algo de la mezcla en el atomizador. Friega todos los suelos no alfombrados, incluidos el porche delantero y el umbral de tu casa si es pertinente y posible, y vaporiza ligeramente los suelos alfombrados. También puedes vaporizar el umbral/porche delantero de tu casa si no pudiste fregar esa área.

. . . .

Limpiador de suelo para la claridad
Utilízalo para limpiar vibraciones y despejar la mente.

INGREDIENTES:
Un cubo o un recipiente similar
Vinagre blanco
Aceite esencial de salvia romana
Esencia de carpe
Un cristal de fluorita
Una fregona
Un atomizador (si tienes suelos alfombrados)

Limpia el cristal situándolo bajo el grifo de agua fría por lo menos treinta segundos o sumergiéndolo en sal seca por lo menos diez minutos. Llena el cubo de agua y añade ¼ de taza de vinagre blanco, 9 gotas de aceite de salvia romana, 4 gotas de esencia de carpe y el cristal limpio. Remueve. Cierra los ojos y visualiza que el líquido está sumergido totalmente en una brillantísima luz blanca. Si tienes suelos alfombrados, pon algo de la mezcla en el atomizador. Friega todos los suelos no alfombrados, así como el porche delantero y/o el umbral de tu casa si es posible. Termina vaporizando ligeramente los suelos alfombrados, y vaporiza también el porche delantero / umbral de tu casa si no pudiste fregarlos.

Tras limpiar, termina con una limpieza personal

Mientras limpias, tu organismo libera toxinas a través de los poros de tu piel. Además, tu aura absorbe a veces restos energéticos. Para disolver y eliminar estas toxinas, toma una ducha o un baño cuando hayas terminado de limpiar. Si te bañas, añade por lo menos ¾ de taza de sal marina en el agua. Si te duchas, utiliza gel o jabón de menta natural, o añade unas cuantas gotas de aceite esencial de menta a tu gel habitual de ducha. La sal marina y/o la menta ayudarán a disipar y neutralizar toda la negatividad y elevarán tus vibraciones personales. Terminar con una limpieza personal es también una forma espléndida de expresarte a ti misma amor y reconocimiento por un trabajo bien hecho, y te dejará con una sensación agradable, lo que favorecerá que afrontes con entusiasmo la siguiente limpieza.

3

Despejar el espacio

Despejar el desorden y limpiar contribuyen a eliminar la suciedad tanto física como energética de tu casa y de tu vida. Despejar el espacio contribuye a ajustar la energía de tu hogar todavía más al eliminar la negatividad restante, atrayendo energía fresca, abundante y centelleante, y elevando las vibraciones a un nivel muy alto y armonioso. Tras despejar el espacio, notarás una sensación de ligereza y optimismo en tu casa que no notabas antes. Será poco probable que entre las paredes de tu casa haya discusiones, riñas, confusión y negatividad general, y la risa, la inspiración, la claridad, la alegría y el amor franco aflorarán a la superficie.

Hay muchas formas de despejar el espacio. Sea cual sea el método o los métodos que elijas, te sugiero abrir todas las ventanas y puertas posibles antes de empezar. Ello obedece a que lo que vas a hacer es crear un movimiento saludable en el flujo de energía. Cuando la energía tiene más sitios donde fluir, puede fluir más deprisa, y la energía fresca puede entrar con mayor facilidad y en mayor abundancia.

A continuación expongo algunos elementos sencillos del despeje del espacio que puedes hacer independiente o conjuntamente. Después describo un ritual más completo de despeje del espacio que incorpora varios de los elementos para despejar a fondo la energía y elevar las vibraciones.

Hacer ruido

Dar palmadas

Dar palmadas sonoras en los rincones y a lo largo del perímetro de las habitaciones desbloquea y libera la energía estancada. Cuando hayas acabado de dar palmadas, asegúrate de lavarte las manos para limpiarlas de cualquier negatividad que puedan haber absorbido.

Sonajas, tambores y panderetas

Como las palmadas, liberan la negatividad y la pesadez y hacen fluir la energía de un modo saludable. Recorre el espacio con el instrumento elegido, concentrándote en los rincones, los puntos oscuros y el perímetro de las habitaciones.

Campanillas y campanas

Las campanillas y las campanas elevan las vibraciones y llenan las habitaciones de dulzura y de luz. Elige campanillas y campanas con sonidos que realmente te gusten. Hazlos sonar por lo menos una vez en cada habitación y/o área.

Canturrear

Canturrear despacio y totalmente el sonido «Om» por lo menos tres veces en cada habitación y área puede limpiar suavemente la negatividad y elevar potentemente las vibraciones en cada habitación. Asegúrate de que respiras hondo, estás concentrada y tienes las manos cerca del corazón en posición de plegaria al hacerlo, prestando atención a cada parte del cántico (tanto al silencio como a cada parte del sonido: «a», «u» y «m»).

Sahumar

Salvia blanca

Un manojo de salvia blanca, llamado también sahumerio de salvia, puede elevar y limpiar poderosamente la energía de un espacio al quemarlo como si fuera incienso por la habitación. Al encenderlo, reconoce el espíritu de la salvia, y agradécele que te ofrezca sus hojas para usarlas. Ten cuidado con el posible riesgo de incendio, y sostén un plato bajo el sahumerio mientras quema. Recorre cada habitación y área en sentido contrario a las agujas del reloj en el Hemisferio Norte y en el sentido de las agujas del reloj en el Hemisferio Sur. Termina moviendo el sahumerio alrededor de tu cuerpo para limpiar tu aura.

Salvia del desierto

Se quema exactamente igual que la salvia blanca, pero su energía es distinta: mientras que la salvia blanca es un potente limpiador y elevador de las vibraciones espirituales, la salvia del desierto posee una energía más lúdica. Se utiliza como «abrecaminos» y puede abrir poderosamente nuevas e inesperadas puertas en tu vida cuando te sientas estancada en cualquier sentido. Está alineada con la energía de Coyote, el embaucador divino de la mitología nativa americana. Gracias a su energía embaucadora, puede ayudarte a encontrar un camino o hacer aparecer una puerta de la nada. Además, posee una fragancia muy reconfortante y puede ayudarte a conectarte con la tierra y hacerte sentir segura y protegida. Úsala como la salvia blanca, pero ten presente que infundirá vibraciones más lúdicas a tu hogar y que puede hacer que se abran caminos inesperados (pero positivos) en tu vida. Recuerda terminar sahumando tu cuerpo para que tu aura se beneficie también de esta hierba.

Hierba del bisonte

Seca y trenzada, esta hierba se quema como el incienso. También puedes encontrarla a veces en forma de incienso. Al igual que la salvia, invoca su espíritu al encenderla, y agradécele que se ofrezca para que la uses. La hierba del bisonte eleva las vibraciones al atraer espíritus dulces de seres queridos fallecidos, ángeles, hadas y otros seres serviciales. No tienes que recorrer cada habitación; basta con que te sitúes en el centro de cada habitación y llames a los espíritus serviciales a ella.

Otros sahumerios

También puedes sahumar con otros inciensos. El cedro y el olíbano funcionan de modo parecido a la salvia blanca, elevando, despejando e infundiendo vibraciones muy espirituales al espacio. Simultáneamente, el copal despeja y atrae a espíritus dulces. El Nag Champa atrae discretamente buena energía creando el tipo de vibración que atrae a espíritus dulces y estableciendo un tono espiritual. También es eficaz quemar estos inciensos en un solo lugar durante la limpieza. Hablaré más sobre sahumar en el capítulo 10.

Vaporizaciones

Vaporizar un área con agua de rosas la llena de amor, dulzura y altas vibraciones. También puedes crear o comprar una vaporización natural preparada con uno o más aceites esenciales para despejar y levantar el ánimo. Limón, naranja, mandarina, romero, menta, cedro, eucalipto y lavanda serían buenas opciones. En el capítulo 10 encontrarás un compendio más completo de las vaporizaciones y los aceites aromaterapéuticos y mágicos.

Visualizaciones

Visualización del despeje del espacio con una aspiradora

Sí sólo tienes un minuto, o si estás acompañada y quieres ocultar tus actividades de despeje del espacio, tal vez quieras intentar este rápido (pero poderoso) despeje mental del espacio. Siéntate con la espalda erguida y relájate. Cierra los ojos y respira hondo varias veces. Cuando estés preparada, visualiza que una esfera de una brillantísima luz blanca llena y envuelve totalmente tu casa. Ve/siente/imagina que esta luz penetra las paredes y los objetos y lo transforma todo en luz. Ahora, visualiza que una enorme aspiradora hecha de luz recorre esta esfera y ajusta/intensifica la luz aspirando toda la oscuridad, estancamiento o energía negativa de cualquier tipo. A mí me gusta visualizar una especie de tubo accesorio de una aspiradora cósmica que desciende de los cielos, pero puedes hacer que tu aspiradora aparezca del modo que quieras, siempre y cuando sea potente para ti.

Visualización del despeje del espacio con los elementos

Si prefieres incorporar los elementos tierra, aire, fuego y agua en tu visualización del despeje del espacio, ésta sería ideal para ello. Relájate y ponte en contacto con el elemento tierra. Tal vez quieras pensar en el olor de la tierra fresca y limpia tras la lluvia o en la sensación de la tierra fría bajo tus pies descalzos. Una vez te sientas conectada con el elemento tierra, visualiza la tierra bajo tu casa. Visualiza que cualquier negatividad de tu hogar se desplaza hacia abajo y es absorbida en la tierra de debajo, donde se composta y se purifica. A continuación, ponte en contacto con el elemento aire. Tal vez podrías imaginar que el viento sopla entre los árboles o que eres un pájaro que surca el cielo a gran altura. Cuando te sientas conectada con el elemento aire, visualiza/siente que una brisa limpia y fresca recorre toda tu casa, liberando y llevándose la energía estancada y pesada a la vez que la llena de una luz brillante y centelleante como la luz del alba. Ahora, ponte en contacto con el elemento fuego. Tal vez podrías imaginar un fuego arrasador que se propaga por una llanura o una hoguera ardiendo con fuerza en un campamento. Cuanto te sientas preparada, imagina que una fuerte energía y luz recorren tu hogar, quemando y purificando toda la negatividad. Finalmente, ponte en contacto con la energía del agua. Podrías evocar el sonido, la fragancia y el aspecto de las olas del mar o imaginarte nadando en las inmensidades del océano. Una vez te sientas alineada con el agua, envía olas frías de agua salada del mar por toda tu casa para que suave y poderosamente la limpien de toda negatividad. Cuando hayas terminado, da las gracias a cada elemento por separado, dedica unos momentos más a relajarte y abre los ojos.

· ·

Un despeje a fondo del espacio

Cuanto más practiques los cuidados mágicos de la casa, más en sintonía estarás con la energía de tu hogar. Del mismo modo que sabes cuándo es el momento de darte una ducha, sabrás cuándo hay que despejar un poco el espacio en tu hogar. Pero, por lo general, sería conveniente efectuar un despeje a fondo del espacio como el siguiente una vez al mes por lo menos. Los despejes rápidos (algo informal, como dar palmadas o sahumar de forma rápida) pueden hacerse una vez a la semana. Y, si eres como yo, tal vez quieras hacer una visualización del despeje del espacio cada día como parte de tu meditación diaria.

INGREDIENTES:

Una lamparita o una vela de cera de soja o vegetal blanca para
cada habitación y área (como pasillos y escaleras)
Un platito o una palmatoria para cada habitación
Sal marina
Un sahumerio de salvia blanca (véase más arriba)
Agua de rosas en un atomizador
Opcional: una campana o unas campanillas

Reúne todos los ingredientes en un lugar central. Si quieres, puedes
decir una plegaria sobre los ingredientes, pidiendo que se carguen de tu
intención de limpiar la energía de tu espacio. Si quieres, puedes visuali-
zarlos llenos de una brillantísima luz blanca.

En la habitación en la que estés, coloca una vela en un plato o en
una palmatoria en un lugar central. Traza un círculo de sal marina alrededor de la vela en el plato y enciende la vela. Repite este proceso en
cada habitación y área. El fuego de la vela quemará la negatividad y la
energía estancada, mientras que la sal absorberá cualquier exceso.

Regresa a la primera habitación y empieza a dar palmadas sonoras a
lo largo del perímetro del espacio, prestando especial atención a los rincones, a los puntos oscuros y a cualquier otro sitio en el que se te ocurra
que la energía podría estancarse. Repítelo en cada habitación y área.
Esto desbloqueará la energía estancada y permitirá eliminarla.

En la primera habitación, abre todas las ventanas posibles (si apenas
entreabres una, también va bien). Enciende después el sahumerio de
salvia y agítalo hasta que la llama se extinga, de modo que esté humeando. Recorre el perímetro de la habitación, esparciendo el humo para
disipar la negatividad y elevar las vibraciones. Repítelo en cada habitación y área, y extingue la salvia con agua o encerrándola herméticamen-
te en un tarro o en un vaso boca abajo.

Regresa ahora a la primera habitación y cierra las ventanas. Recorre
el perímetro del espacio vaporizando el agua de rosas para elevar las vi-

braciones, añadir dulzura y limpiar más la energía. Repítelo en cada habitación y área.

Opcional: haz sonar las campanillas o la campana en cada habitación/ área para limpiar, sintonizar e infundir un elevado tono vibratorio a cada habitación.

Deja que las lamparitas quemen por completo o, si tienes que ir a alguna parte, deja que quemen todo el rato que puedas y apágalas. Puedes usar las partes de vela sobrantes en tu quemador de esencias o, si queda bastante cantidad de ellas, puedes utilizarlas de nuevo la próxima vez que realices un despeje a fondo del espacio.

Tira la sal por el retrete o por el fregadero. Lava a conciencia los platos antes de usarlos para otra cosa.

Termina con una ducha o un baño para limpiar tu energía personal, y después come algo con hidratos de carbono complejos como una manzana, un plátano, arroz, cereales, frutos secos o legumbres. La ducha limpiará tu aura de cualquier negatividad que hayas podido absorber, y la comida te conectará con la tierra tras tu intervención mágica.

4

Posiciones armoniosas

En cada casa hay lugares clave: piedras angulares de poder y oportunidades para intensificar y conservar la potencia de la magia que fluye entre y alrededor de sus paredes. Este capítulo explica cómo conocer estos lugares y posicionarte a ti y posicionar tu casa en consecuencia.

El plano mágico de tu casa

Nuestro hogar, como nuestro cuerpo, posee auras, o campos energéticos. Dentro de estos campos energéticos, hay áreas específicas, o lo que nosotros llamamos «centros de poder», que se corresponden con áreas específicas de nuestra vida. Es bastante parecido al sistema de chakras del cuerpo. El emplazamiento de los centros de poder se basa en las enseñanzas del feng shui, y el feng shui se basa en una ancestral y universal herramienta matemática y mágica denominada cuadrado mágico. En el *I Ching* (según se dice, el libro más antiguo del mundo), el cuadrado mágico recibe el nombre de *lo shu*, y en la magia ceremonial se llama cuadrado de Saturno.

. . . .

Mapa de los centros de poder

Gratitud y Prosperidad	Esplendor y Reputación	Amor y Matrimonio
Salud y Relaciones Familiares	Sinergia, Equilibrio y Dicha	Creatividad y Espíritu Lúdico
Serenidad y Autoestima	Profesión y Camino Vital	Sincronicidad y Milagros

↑ Entrada Principal ↑

. . . .

Análisis del plano

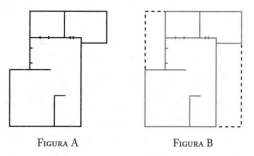

Figura A   Figura B

Como cuidadoras mágicas de la casa, nos resulta útil saber dónde están estos centros de poder para, si es posible, elegir el uso que damos a cada habitación y decorarla en consecuencia. Por ejemplo, si tienes una habitación en el área del amor y el matrimonio que podría destinarse a despacho o a dormitorio, será mejor convertirla en un dormitorio. También puedes utilizar tus conocimientos sobre los centros de poder para elegir decoraciones que refuercen tus intenciones mágicas. Por ejemplo, podrías situar un lujoso *plaid* verde en el área de la gratitud y la prosperidad para aumentar tu riqueza, o imágenes románticas en el área del amor y el matrimonio para potenciar tu vida amorosa. Y, una vez conoces los centros de poder de tu hogar, puedes intensificar el poder de tu magia colocando objetos mágicos como amuletos, cristales o altares (descritos en capítulos posteriores) en las áreas más adecuadas para tus propósitos.

¿Preparada para descubrir los centros de poder de tu hogar? ¡Vamos allá!

- Obtén o dibuja un plano sencillo a escala de tu casa o piso. No es necesario que incluya la ubicación de las ventanas o los muebles, y tendría que incluir los siguientes detalles arquitectónicos: balcones, patios cubiertos o elevados, terrazas o porches, y garajes (véase Figura A, izquierda).

- (Sáltate este paso si el contorno de tu plano es un rectángulo o un cuadrado perfecto.) Usa regla y lápiz para alargar los extremos de cada lado del plano de tu casa para que todo el plano quede contenido en un rectángulo o un cuadrado perfecto (véase Figura B, izquierda).

- Ahora, usa la regla para dividir cada lado del cuadrado o rectángulo en tres partes iguales. Con esta medida a modo de guía, dibuja ahora un tablero de tres en raya sobre el plano, de modo que éste quede dividido en nueve cuadrados iguales.

- Localiza la puerta principal (la que estableciera el arquitecto, no simplemente la puerta que tú uses más a menudo) y dibuja una flechita para indicar la dirección que sigue la gente al cruzarla.

Gira la página si es necesario para que la flecha de la puerta principal señale hacia arriba (véase a continuación).

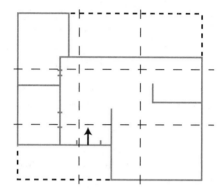

- Mira el diagrama de la página siguiente y escribe el nombre del centro de poder correspondiente a cada cuadrado. (*Nota:* Si tienes plantas adicionales, cada centro de poder continúa situado directamente encima o debajo de los centros de poder de la planta principal.)

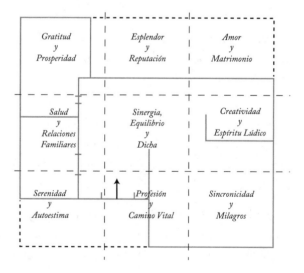

Clave de los centros de poder

Gratitud y prosperidad: riqueza, lujo y la sensación de que estás totalmente segura y de que tienes el futuro totalmente asegurado

Esplendor y reputación: cómo eres vista y conocida en el mundo

Amor y matrimonio: romance

Salud y relaciones familiares: salud física, ciclos vitales, familia, mayores, antepasados

Sinergia, equilibrio y dicha: el eje de la rueda de la vida y la mezcla de todas las energías

Creatividad y espíritu lúdico: alegría, fantasía, fertilidad, bebés y niños, nuevos proyectos, creatividad prolífica

Serenidad y autoestima: tranquilidad, meditación, ejercicio, descanso, estudio lúdico

Profesión y camino vital: alineamiento profundo con la verdad interior y el objetivo vital de uno

Sincronicidad y milagros: conexiones útiles, viajes seguros, ayuda divina

La puerta principal

Las puertas son cosas muy mágicas, especialmente las puertas que te llevan de un reino a otro reino. Y tu puerta principal hace exactamente eso, no sólo porque separa el exterior del interior, sino también porque, como cuidadora mágica de la casa, tu hogar existe en un plano elevado de existencia y es un reino mágico en sí mismo. Por esta razón, tu puerta principal tendría que ser (como dice la autora Terah Kathryn Collins) una entrada fascinante. Es una herramienta mágica que atrae bendiciones de toda clase a tu hogar. También dicta la cualidad, la cantidad y la vibración de la energía que entra en ella.

(*Nota:* si vives en un piso y tienes muy poca libertad para cambiar el aspecto exterior de tu puerta, ¡no te preocupes! Haz lo que puedas. Hay muchas otras formas de atraer energía mágica a tu hogar.)

Despeja el camino

La energía fluye como el agua del exterior al interior de tu casa a través de tu puerta principal. Con esto en mente, ¿hay algo que bloquee este flujo? Para que te hagas una idea de lo que estoy hablando, cualquiera de las siguientes cosas obstruiría el flujo libre de bendiciones hacia tu hogar y tu vida:

- Un árbol grande en maceta que bloquea parcialmente la vista de la puerta desde la calle

- Una estatua de piedra de un ángel que tienes que rodear para no golpearte las espinillas o el dedo gordo del pie.

- Una mesa situada de tal modo en la entrada de la casa que resulta imposible abrir totalmente la puerta principal.

Lo ideal sería que tu puerta principal y el camino que conduce a tu puerta principal no estuvieran bloqueados o abarrotados de ninguna forma. Además, la puerta tendría que poder efectuar su gama completa de movimiento. Esto despeja el camino para que una parte saludable de energía positiva (lo que significa bendiciones, abundancia, felicidad, etc.) entre en tu hogar.

Haz que reluzca

Es estupendo que tu puerta principal sea bonita y, de algún modo, encantadora e inspiradora. Podría, por ejemplo, apetecerte pintarla de un color vibrante y mágicamente elegido. Si es así, a continuación encontrarás algunas ideas sobre colores:

Azul real: considerado «el» color de puerta por la gente vinculada a la magia. Aporta una vibración profunda, tenue, fantasiosa y espiritual a tu hogar.

Rojo: el color clásico de puerta del feng shui; muy protector y vigorizante. Atrae bendiciones y celebraciones.

Verde o verde azulado: estos colores de puerta atraen riqueza y prosperidad a tu hogar. También potencian la salud.

Negro: este color de puerta es potente y fuerte. El negro da fuerza y autoridad a los residentes y proporciona un alineamiento más profundo con la profesión ideal de uno.

Si una puerta colorida no es lo tuyo, tal vez quieras tener una puerta que apele de otro modo a tu sentido personal de la belleza y el encanto, como algo con un atractivo acabado de madera, un dibujo tallado o una vidriera, por ejemplo. O, si tienes gustos sencillos y clásicos, una puerta de color blanco o hueso estará bien; simplemente, asegúrate de que sea lo más bonita posible. Si tienes tendencias artísticas (como yo; ¿cómo lo adivinaste?), puede que te guste añadir azulejos reflectantes o joyas. Básicamente, si tu puerta principal no es totalmente encantadora, trata de encontrar una forma de potenciarla que se ajuste a tu presupuesto y a tu estilo. Y ten presente que el aspecto y la impresión de tu puerta principal dictarán la cualidad de la energía y de las bendiciones que atraes a tu vida.

Por supuesto, si los goznes chirrían, engrásalos. Si la puerta se atasca o tienes problemas al girar la llave, arréglalo. Si las ventanas están sucias, límpialas. Después de todo, tu puerta principal es una de tus herramientas más poderosas como cuidadora mágica de la casa. Del mismo modo que no querrías tener una varita mágica torcida o rota, tampoco querrás tener una puerta que no funcione a la perfección o que no esté resplandeciente.

¡Pon también un felpudo que te guste! Lo mejor es que sea inspirador y acogedor, de modo que levante el ánimo y atraiga la mayor energía positiva posible. Y hazte un favor: ¡no pongas uno de esos gruesos que se apelmazan y te llenan toda la casa de cerdas gruesas! (¿Cuándo se pasarán de moda? ¿Y cómo llegaron a estar de moda?) Lo mejor es elegir algo que sea bonito a la vez que práctico. Por ejemplo, me encantan esos felpudos hechos con piedras de río. ¡Eso sí que es mágico! Son como una invitación a que la energía limpia y pura entre armoniosamente a raudales en tu casa como un río centelleante.

Añade algo de vida

Siempre que no limite el flujo libre de energía (y de gente) hacia la casa, una o dos plantas en maceta de tamaño pequeño o mediano, o una figurilla de la Diosa, de Buda, de un hada o de un animal puede animar y establecer el tono de la energía que entra en la casa. Las plantas y las figurillas pueden servir también para dar la bienvenida y actuar como guardianes de la casa.

Los móviles de campanillas, si te gustan, purifican y elevan las vibraciones y crean un cambio energético positivo de un reino (exterior) al siguiente (interior). Si decides colgar un móvil de campanillas cerca de tu puerta principal, tal vez quieras bendecir el móvil de campanillas realizando un ritual como el siguiente.

· ·

Ritual de refuerzo de un móvil de campanillas

Este poderoso ritual encantará tu móvil de campanillas para que cree un ambiente de magia y de milagros en tu hogar, además de atraer hermosas bendiciones cada vez que suena. Tengo que advertirte que, tanto si eres una persona de mañana como si eres un ave nocturna, puede que este ritual te resulte difícil, porque para llevarlo a cabo tienes que trasnochar y madrugar. ¡Pero te aseguro que vale la pena!

Elige un móvil de campanillas de metal que emita un sonido que te guste. El día *antes* del día exacto que haya luna llena, entre las 11 *a. m.* y las 2 *p. m.*, coloca el móvil de campanillas sobre una tela blanca limpia y déjalo en el exterior a la luz del sol. Deja que la luz lo bañe unos 15-20 minutos. Esto lo purificará y lo reforzará con la energía fuerte y beneficiosa del sol. Envuélvelo después en la tela y déjalo en el interior hasta la noche. Cuando salga la luna, vuelve a sacar el móvil de campanillas y colócalo sobre la tela a la luz de la luna. Deja que la luz de la luna lo bañe unos 30-45 minutos. Esto lo imbuirá de la energía fría y receptiva de la luna. Una vez más, envuélvelo en la tela y éntralo en casa. El día siguiente (el día que habrá luna llena), despiértate justo antes del alba. Saca el móvil de campanillas y prepárate para colgarlo en algún lugar próximo a tu puerta principal. Si es posible, oriéntalo hacia el sol naciente. Cuando el sol asome por el horizonte, cuelga el móvil de campanillas. Después, contempla el móvil de campanillas mientras dices:

> *En la puerta tintinead juntos ahora,*
> *sol y luna, del ocaso a la aurora.*
> *Las bendiciones sin fin van a abundar*
> *mientras vuestro sonido mágico hagáis sonar.*

Ábrela

Si rara vez abres la puerta principal, estás limitando la cantidad de energía y de bendiciones que entran en tu casa. Si no te va bien usar tu puerta principal, acostúmbrate a abrir la puerta a diario o casi a diario, quizá para recoger el correo o para regar el jardín.

La posición de poder

Siempre que sea posible, siéntate de modo que puedas ver la puerta o las puertas principales de la habitación en la que estés. También va bien que te sientes a una distancia razonable de la puerta. Esto contribuye a que te sientas más segura, más despejada y más poderosa. Esto es especialmente importante en lugares donde pases mucho tiempo, como un escritorio o un sofá. Si ello no es posible, coloca un espejo de modo que puedas ver lo que tienes detrás cuando estés sentada. En las áreas de comedor y en otras situaciones con muchas personas sentadas, si por lo menos un adulto del grupo puede ver fácilmente la puerta, todos los demás se sienten seguros porque confían en que hay alguien pendiente de lo que ocurre tras ellos. Fíjate en ello la próxima vez que estés sentada en un restaurante de espaldas a la puerta. A un nivel sutil, estás depositando tu confianza en que tu(s) acompañante(s) te «guarda(n) las espaldas».

Cuando descubras las posiciones de poder de tu casa y te acostumbres a sentarte en ellas, notarás que tienes más poder y seguridad en todas las áreas de tu vida.

El dormitorio

Cuanto más se investiga sobre el sueño, más averiguamos lo importante que es. Dormir bien por la noche es absolutamente imprescindible para nuestro humor, nuestras habilidades motoras, nuestro tiempo de reacción y nuestros procesos mentales. No sólo eso, sino que el período de sueño es un vínculo con nuestro ser superior, mensajes de lo Divino, solución de problemas creativos y sanación a muchos niveles. De modo que, en la casa mágica, el dormitorio es un lugar para refrescarnos, revitalizarnos y recuperarnos, además de descansar nuestro cuerpo mientras nuestra mente y nuestro espíritu reciben sanación y mensajes de otros reinos. Por si eso fuera poco, el dormitorio también tiene todo que ver con el romance. Cuando nuestro dormitorio está lleno de pasión, receptividad y amor, también lo están nuestro corazón y nuestras relaciones. (Aunque no te interese tener una relación sentimental, el romance y la receptividad son ingredientes necesarios para la inspiración y la alegría.) De modo que el sueño y el romance, dos de las consideraciones más importantes, tienen que honrarse simultáneamente en lo que se refiere a los cuidados mágicos de la casa en el dormitorio.

En primer lugar, hablemos de la cama. Evidentemente, tendría que ser muy cómoda. Es mejor una cama con una cabecera contundente porque nos ayuda a sentirnos seguros y protegidos. La madera es el mejor material para la cabecera gracias a la forma ligera a la vez que conectada con la tierra en que conduce la energía.

Lo ideal sería que toda la cama, o por lo menos el colchón y el somier, fueran nuevos. Después, habría que sustituir el colchón cada cuatro años como mínimo y después de los divorcios, las rupturas y una enfermedad física o mental grave o de larga duración. Ello obedece a que las camas absorben y retienen mucho la energía, y es importante no dormir con viejos patrones de energía agotada, tanto si son nuestros como si son de otra persona. De este modo no sólo dormiremos mejor, sino que también evitaremos vivir algún tipo de condición o de situación que ya no es nuestro, o que jamás lo fue para empezar. Si no te es posible sustituir de inmediato tu cama o tu colchón, y crees que podrías estar durmiendo con viejos patrones negativos, tendrías que realizar lo antes posible el siguiente ritual de limpieza de la cama.

· ·

Ritual de limpieza de la cama

Ingredientes:
4 lamparitas de cera de soja de color blanco o hueso con funda
40 rosas blancas (o una docena por lo menos)
un atomizador de agua de rosas

Por la noche, entre luna llena y luna nueva, separa la cama de la pared y quítale toda la ropa de cama. (Tal vez quieras aprovechar para ponerla en el cesto de la ropa sucia, puesto que querrás que esté limpia antes de sustituirla.) Coloca una vela en el suelo, en cada esquina. Ten cuidado con el posible riesgo de incendio. Enciende cada vela y apaga la luz eléctrica. Arranca todos los pétalos de las rosas y espárcelos sobre el colchón. Sitúate sobre la cama, pon las manos en posición de plegaria, cierra los ojos y pide que cuarenta ángeles limpien a fondo la energía de tu cama y eliminen toda negatividad de ella. Imagina que la luz de las velas crece hasta que toda la cama se transforma en una centelleante luz blanca y dorada. Esta luz está ahora quemando y transmutando toda la energía vieja y estancada, y la está sustituyendo por energía nueva, fresca y vibrante. Deja que las velas quemen sin peligro cuarenta minutos por lo menos. Después, retira las velas y los pétalos, y vaporiza ligeramente el colchón y el somier con agua de rosas. Entierra los pétalos o espárcelos en la base de un árbol. Deshazte de las velas.

Unos cuantos aspectos más sobre la cama

La ropa de cama es muy importante; las sábanas de fibra 100% natural son las más saludables para ti y el planeta, y también son las más cómodas. Además, para dormir bien, lo mejor es que las sábanas sean de un color liso; para el romance elige un color cálido o terroso, lo que incluye cualquier tono de rojo, naranja, rosa, amarillo, marrón, beige o crema oscuro. Para algunas personas, los colores más vivos como el rojo, el rosa fuerte o el naranja pueden ser demasiado estimulantes, de modo que decántate por un tono más apagado si sueles tener dificultades para dormir debido a la sobreexcitación o la ansiedad. (Consulta en el apéndice las propiedades mágicas de los colores.) Elige también un color cálido o terroso para el resto de la ropa de cama. Puedes incorporar otros colores, como el azul, el verde o el negro, pero asegúrate de que su presencia adopte la forma de toques ligeros, como un par de cojines o un *plaid*. Ello se debe a que estos colores son refrescantes y no transmiten comodidad a la cama ni calidez a la relación.

No siempre hay un lugar «perfecto» para la cama en una habitación determinada. Pero intenta encontrar el lugar de la habitación que cumpla la mayor cantidad posible de los criterios siguientes. Si tienes que decidirte entre uno u otro, sopesa los motivos de las sugerencias y sigue tu instinto.

- Coloca la cabecera contra una pared maciza. Esto se debe a que tener ventanas o puertas detrás de ti mientras duermes puede hacer sentir insegura. Si tienes que poner la cama contra una ventana o ventanas, o contra una pared con ventanas, coloca unas buenas cortinas y córrelas por la noche.

- Coloca la cama de modo que puedas ver la puerta, pero de modo que no te quede demasiado cerca. Ésta es la posición de poder (véase página 64).

- Coloca la cama de modo que tus pies no señalen directamente la puerta. Esta posición puede resultar un poco inestable, como tener una trampilla bajo los pies al estar de pie. No pasa nada si hay una puerta en algún lugar de la pared que tienes frente a los pies, simplemente procura no dormir de modo que tus pies sean como una flecha que señala una puerta. Si tienes que hacerlo, asegúrate de que la puerta esté cerrada.

- Coloca la cama de modo que puedas meterte en ella y salir de ella por ambos lados. De esta forma, la energía fluye alrededor de modo saludable, y también permite la igualdad en una cama compartida y deja espacio a una pareja si todavía no tienes una relación sentimental. Por estas mismas razones, recomiendo tener asimismo dos mesillas de noche y dos lámparas, una a cada lado de la cama, a juego o de un tamaño y altura parecidos.

Una última cosa sobre la cama: no guardes nada debajo de ella. Es importante que la energía fluya de un modo saludable alrededor y debajo de ti mientras estés en la cama. Cuando hay cosas debajo de la cama, ésta parece estancada. Si has despejado todo tu desorden (véase capítulo 1) y sigues creyendo que necesitas utilizar el área situada bajo la cama para almacenaje, utilízala para la ropa blanca, y entonces, si empiezas a darte cuenta de que nunca usas esa ropa blanca, deshazte de ella. Cuanto más tiempo esté la ropa blanca sin ser utilizada, más estancada estará la energía bajo tu cama.

Más consejos importantes sobre el dormitorio

- Ten a la vista solamente fotos de tu relación actual (si la tienes). Tener retratos de otras personas es como si esas personas te observaran cuando estás en la cama; huelga decir que no transmite intimidad.

- Cuelga cuadros que sean relajantes y románticos.

- No te excedas con los adornos, los libros y demás objetos. Demasiadas cositas pueden distraerte y perturbarte cuando intentas dormir.

- Despréndete del equipo para hacer ejercicio. No es relajante ni romántico, y es probable que nunca lo utilices. Y, si lo haces, seguramente estarás todo el rato soñando con volver a la cama. Si tiene que estar por fuerza en esta habitación, tápalo de modo atractivo cuando no se use.

- Asegúrate de que la iluminación sea agradable.

- Jesús, Buda y la Virgen María son maravillosos, pero, por favor, no los pongas en el dormitorio. Lo mismo es válido para otras figuras y símbolos relacionados con la castidad y/o la soledad, como la cruz cristiana o un lobo solitario.

- Si puedes poner tu escritorio en otro sitio, hazlo. Es mejor limitar la actividad de tu dormitorio al descanso y la intimidad.

- Si tienes dificultades para dormir o te gustaría mejorar tus sueños, intenta crear un amuleto del sueño como el expuesto a continuación.

. . . .

Amuleto de dulces sueños para dormir bien

Nota importante: antes de crear este amuleto, echa un buen vistazo a tu dormitorio y asegúrate de haber creado el espacio para dormir bien. Despeja cualquier exceso de desorden y llévate de él lo que te recuerde el trabajo u otras actividades diarias. Además, los espejos son muy vigorizantes y pueden resultar algo perturbadores a oscuras, de modo que procura tapar los espejos por la noche con sábanas o manteles y, si esto parece ir bien, intenta ponerles cortinas, usar pañuelos atractivos para taparlos por la noche o quitarlos del todo.

INGREDIENTES:

1 pequeño agrupamiento de amatista (una amatista pulida o una punta de amatista también servirá)

Un pedazo rectangular de franela de color blanco o hueso (para determinar su tamaño, véase más abajo)

Raíz de valeriana seca

Camomila seca

Aceite esencial de camomila

Aguja e hilo

Una vela de color blanco o hueso (a poder ser de cera de soja o vegetal) con palmatoria

Limpia la amatista situándola bajo un chorro de agua fría o sahumando salvia blanca a su alrededor. (Véase el capítulo 6 para obtener más información sobre cómo limpiar cristales.) Reúne todos los ingredientes. Enciende la vela. Sostén las manos sobre los ingredientes y cárgalos con tu intención visualizando que se llenan de una centelleante luz púrpura. Ésta es la luz de un sueño profundo y tranquilo, y ve/siente/visualiza que los ingredientes vibran y se arremolinan con esta energía. Cose ahora un cojincito para la amatista. Hazlo lo bastante grande para que la amatista descanse holgadamente en él, como un gato en su cama. Rellena ligeramente el cojín con la camomila y la valeriana y cóselo para cerrarlo. Sitúa después la amatista sobre el cojín. Sostén el cojín con la amatista con ambas manos y di:

Luz púrpura del sueño dulce y reposado,
los sueños felices y el descanso ansiado,
llena toda la noche esta habitación
para poder dormir sin interrupción.

Siente cómo funciona la magia, e imagina la maravillosa sensación de despertarte descansada tras dormir bien. Apaga la vela y coloca el amuleto cerca de tu cama, a ser posible en una mesilla de noche.

La cocina

La cocina es un lugar muy poderoso. Es el sitio donde la abundancia de la tierra en forma de comida se calienta y se prepara para alimentarnos. En este sentido, simboliza la riqueza de la casa (esto es cierto aunque seas como yo y prefieras comer alimentos crudos, aunque los crudívoros podrían considerar un deshidratador y/o una batidora Vitamix igualmente mágicos). Por este motivo, es muy importante que la cocina esté limpia, que todos los fogones funcionen y que esté, en líneas generales, en buen estado. También es buena idea alternar el uso de los fogones para que todos los fogones estén usados. Esto activa la plenitud del poder de tu cocina.

Tanto si usas la cocina para preparar comida como si no, preparar comida en casa es un acto muy mágico. Te conecta con la generosidad de la tierra y te inspira gratitud, ya que conecta tu energía con la tierra, te mete en tu cuerpo y te saca de tu cabeza y relaja tu mente. También puedes decir plegarias y dirigir energía positiva hacia los alimentos, que interiorizarás después al comerlos. Pero, como la cocina es un lugar tan poderoso de tu hogar, si no usas la cocina para cocinar, plantéate adquirir una tetera y usar los fogones de modo regular para preparar té.

Además, si es posible, cuelga un espejo en la pared sobre la cocina. Esto da energía al área, contribuye a hacerte sentir segura mientras cocinas (lo que infunde más vibraciones positivas a la comida) y, simbólicamente, dobla la energía positiva de la cocina. Y es más fácil conservarlo limpio de lo que te imaginas.

Si quieres, puedes potenciar y activar la energía de la cocina colocando una vela encendida o un bol con naranjas en ella cuando no se utilice. Con una simple plegaria o invocación puedes reforzar la vela o el bol de fruta con una intención concreta, como aumentar la abundancia o la felicidad de los miembros de la casa. También puedes utilizar el poder de tu cocina para crear buena suerte y abundancia (y unas deliciosas galletas) realizando el siguiente ritual.

. . . .

Ritual de galletas de avena para la abundancia y la suerte

La receta usada en este hechizo es mi receta de galletas favorita, y está adaptada de *The Garden of Vegan* de Tanya Barnard y Sarah Kramer. A todo el mundo, vegano o no, le encantan estas galletas.

INGREDIENTES:

¾ de taza de harina de espelta o integral de trigo

½ taza de azúcar orgánico

2 tazas de copos de avena

½ cucharadita de bicarbonato de soda

½ cucharadita de levadura en polvo
¼ cucharadita de canela
½ cucharadita de sal
⅓ de taza de tofu suave
⅓ de taza de aceite de colza
½ taza de sirope de agave o de sirope de arce
1 cucharada de extracto de vainilla
1 taza de pepitas de chocolate

Precalentamos el horno a 350 grados. Tras girar el botón para precalentarlo, sitúa las palmas de las manos abiertas sobre la cocina y di:

Invoco y activo ahora las energías prósperas, afortunadas
y conservadoras de la vida que viven en esta cocina.

En un bol grande, mezcla la harina, el azúcar, la avena, el bicarbonato de soda, la levadura en polvo, la canela y la sal. En una batidora o un robot de cocina, bate el tofu, el aceite, el sirope de agave o de arce y la vainilla. Vierte la mezcla con el tofu en la mezcla con la harina y remueve en el sentido de las agujas del reloj. Al remover, repite mentalmente o en voz alta las palabras «salud, riqueza, alegría, abundancia, suerte» una y otra vez hasta obtener una mezcla homogénea.

Agrega las pepitas de chocolate y sigue removiendo mientras repites mentalmente o en voz alta: «La vida es dulce, y todo va bien». Una vez las pepitas de chocolate estén bien incorporadas, dispón cucharadas colmadas de masa en una bandeja engrasada para galletas e introdúcela en el horno. Justo antes de cerrar la puerta, tira tres besos al interior del horno.

Hornea 12-15 minutos o hasta que los bordes estén dorados. Cómelas y compártelas con la persona o las personas a quienes te gustaría bendecir con la abundancia y la suerte. Si tienes el placer de comer las galletas con alguien, podría ser divertido no mencionar nada sobre su naturaleza mágica y observar el efecto que tienen en esa(s) persona(s), parte de él casi con total seguridad será inmediato.

La chimenea

La chimenea fue el primer televisor. Era el centro de atención y el lugar de reunión de la casa. Como el corazón de una casa, su luz y su calidez hacían que el hogar cobrara vida (la palabra inglesa *hearth* sólo añade una letra a la equivalente de corazón: *heart*). Si tienes la suerte de tener chimenea, te sugiero que recuperes su importancia de antaño. Asegúrate de que está en buen estado y enciéndela a menudo durante los meses de otoño e invierno. Cuando haga más calor, puedes situar velas o plantas en su interior y a su alrededor para conservar viva su energía.

Para equilibrar la energía del fuego, activar el área y contener la energía positiva en el espacio, cuelga un espejo sobre la chimenea si es posible. Asegúrate también de no decorar el área que rodea directamente la chimenea con flores secas o demasiadas cosas de aspecto inflamable, ya que puede parecer reseca y crear sensaciones de agotamiento o de sed.

La chimenea es un lugar excelente para la práctica de rituales de expulsión, liberación y purificación. Si tienes una vieja costumbre, una creencia limitante, una situación discordante o un desafío recurrente del que estás harta y que te gustaría expulsar de una vez por todas, tal vez quieras probar el siguiente ritual.

· ·

Ritual de expulsión en la chimenea

Alguna vez que estés sola en casa, entre la luna llena y la luna nueva, a mediodía si es posible, enciende el fuego en la chimenea. En un pedazo de papel, escribe o dibuja algo que represente el asunto, la creencia o la situación que te gustaría expulsar. Haz que sea algo importante para ti. Por ejemplo, a mí, cuando era más joven, me tuvieron a punta de pistola. Después de aquello, estuve cierto tiempo teniendo miedo hasta de salir sola de casa. Tras pasar más de un año viviendo con este miedo que me debilitaba, decidí que había llegado el momento de expulsar el poder que este recuerdo tenía sobre mí. Así que, antes de realizar este ritual en la chimenea, dibujé al hombre que me había tenido a punta de pistola, con arma y todo. Traté de hacerlo lo más aterrador que pude para que representara realmente el poder que aquel hombre todavía parecía ejercer en mi mente. También podrías escribir un poema o una entrada de diario, encontrar una foto de ti que represente la condición o el asunto en cuestión o, simplemente, escribir una o dos palabras como «culpa», «adicción alimentaria» o «inseguridad económica».

Una vez hayas hecho esto, sitúate delante del fuego sujetando con ambas manos el papel con la representación. Dedica un momento a sintonizar con el asunto en cuestión. Siente el asunto en tus manos, y nota que se vuelve muy pesado e incómodo. Piensa en la carga que supone tenerlo en tu campo energético. Haz aflorar las emociones relacionadas con este asunto y cánsate de llevarlas a cuestas todo el tiempo. Cuando hayas hecho esto, dirige tu atención hacia las llamas. Nota lo purificadoras y lo brillantes que son. Piensa en su capacidad de transformar de inmediato un asunto viejo, tedioso y sin vida en energía y luz poderosas. Echa después tu representación a las llamas y observa cómo quema. Ten presente que su negatividad se está transmutando por tu bien. Siéntete ligera y liberada, y sé consciente de que ya no llevas la carga del asunto o la condición. Expresa tu gratitud a las llamas. A continuación, si te apetece, te aconsejo encarecidamente poner música inspiradora y bailar cerca del fuego para celebrar tu nueva ligereza y alegría. (Podrías plantearte «We Will Rock You» de Queen, «I Will Survive» de Gloria Gaynor, y «What I Got» de Sublime, pero servirá cualquier canción o género que te inspire, por supuesto. También sería estupendo que emplearas a un amigo baterista.) Además, como has liberado tanta negatividad, tendrás que beber un vaso grande de agua como mínimo después del ritual para contribuir a purificar más las toxinas de tu organismo y campo energético.

Televisor

A mi entender, un televisor excesivamente grande parece arruinar siempre las vibraciones mágicas. Si uno o más miembros de la familia insisten en una pantalla descomunal, procura relegarla a una sala de juegos o estudio, de modo que no tengas que ceder tu sala de estar a los bustos parlantes, las protagonistas de los culebrones y los patrocinadores comerciales.

Además, te aconsejo encarecidamente tapar todos los televisores cuando no se estén usando. Podrías hacerlo con un mueble hecho especialmente para este propósito, o con un simple pañuelo o tela. Un televisor confiere una sensación muy poco mágica a la habitación, incluso cuando está apagado. Es como un punto muerto y puede crear sutiles sensaciones de soledad y de faltar algo hasta que no está encendido. Como podrás imaginar, esto favorece muchísimo un consumo televisivo excesivo. Como alternativa, a mí me gusta dejar a veces el televisor destapado pero ponerle un DVD de una chimenea o de un paisaje submarino. Esto crea un centro de atención interesante y sereno que parece vivo sin resultar abrumador.

5

El refuerzo de los tres secretos

BÁSICAMENTE, EL refuerzo de los tres secretos es la imagen estereotípica de una maga practicando la magia. Con gran autoridad y poder, la maga mueve una varita, una mano o un ojo de determinada manera. Este es el primer secreto: el gesto. Al hacer esto, dice una o unas cuantas palabras mágicas, lo que nos remite al segundo secreto: la vocalización. Pero, por supuesto, al mismo tiempo tiene que concentrarse y esperar el resultado deseado, lo que nos lleva al tercer secreto: la visualización/expectativa. Enseguida los examinaremos a fondo, pero antes recapitulemos. Los «secretos» que forman parte del refuerzo de los tres secretos son:

1. Gesto

2. Vocalización

3. Visualización/expectativa

Si bien el término «refuerzo de los tres secretos» procede de la escuela tibetana del Sombrero Negro (Black Hat) de feng shui, ésta es una práctica generalizada en todas, o por lo menos en la mayoría de las tradiciones mágicas. En el caso de los cuidados mágicos de la casa, el refuerzo de los tres secretos se utiliza para imbuir mágicamente a objetos, emplazamientos y potenciaciones del poder magnético de tus intenciones.

Sabe lo que quieres

En primer lugar, aclara y documenta tu intención. Por ejemplo, pongamos por caso que acabas de añadir una figurilla romántica a tu rincón del amor y el matrimonio y te gustaría reforzarla con la intención de atraer a tu vida una relación amorosa seria. Así, para aclarar y documentar tu intención, escribirías en presente (como si ya fuera cierto) exactamente lo que te gustaría manifestar, posiblemente algo así como: «Vivo ahora una apasionada y satisfactoria relación amorosa con una pareja que me enriquece y me apoya de todas las formas posibles». (Nota importante: en este caso, tendrías que dejar la identidad de esta persona en manos del universo. Ello se debe a que no es ético manipular metafísicamente a los demás, y el resultado será mucho mejor de este modo.) Con el refuerzo de los tres secretos también puedes reforzar habitaciones o áreas enteras, o incluso toda la casa. Por ejemplo, podrías elegir reforzar tu área de la gratitud y la prosperidad con la siguiente intención: «Recibo constantemente abundancia de la Fuente Infinita», o podrías elegir reforzar toda tu casa con la intención: «La paz, la armonía y la felicidad están ahora fuertemente arraigadas entre estas paredes». A mí también me gusta reforzar mi puerta principal con esta intención: «Invito a la salud, la riqueza, la felicidad, la gratitud y el amor a entrar en abundancia en mi vida». Lo que puedes hacer con los tres secretos es ilimitado.

Ahora que has aclarado tu intención y decidido qué te gustaría reforzar, puedes elegir un gesto y una vocalización para acompañar tu intención. Más abajo encontrarás una útil selección de gestos y vocalizaciones de distintas tradiciones. Si eres experta en la práctica de la magia o practicas gestos y vocalizaciones de una práctica o tradición diferente (como el yoga), no dudes en elegir gestos y vocalizaciones de tu propio repertorio. Durante el proceso de elección, prueba los gestos y las vocalizaciones para comprobar si te parecen poderosos. Una vez te hayas decidido, anota tu elección debajo de tu intención para tenerlo todo junto antes de que te explique cómo unir todas las piezas, lo que te prometo hacer en breve.

Gestos

Posición de plegaria

Une las manos a la altura del corazón, con las palmas y los dedos extendidos y los dedos señalando hacia arriba.

> **Ideal para:** manifestación, equilibrio, poder tranquilo, solicitar la ayuda de lo Divino y de tu ser superior

Este gesto va bien para muchas cosas y está presente en muchas tradiciones.

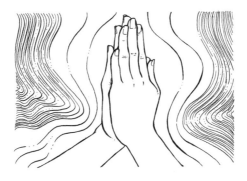

Mudra de la bendición

Con las palmas hacia arriba, pon la base de los meñiques en contacto. Cruza los meñiques y sujeta la punta de cada uno de ellos con el pulgar opuesto. Une los dedos anulares, señalando hacia arriba. Cruza los dedos corazón y sujeta la punta de cada uno de ellos con el índice opuesto.

> **Ideal para:** manifestación, protección, equilibrio, sincronicidad, apoyo divino en todos los asuntos

Mudra de la expulsión

Con las palmas hacia abajo y el índice y el meñique extendidos, sujeta los dedos anular y corazón con el pulgar. Abre y cierra repetidamente los dedos anular y corazón.

> **Ideal para:** eliminar obstáculos, expulsar, preparar el terreno para el éxito

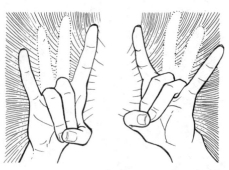

Mudra de la tranquilidad del corazón

Pon la mano izquierda sobre la derecha, ambas ligeramente ahuecadas, de modo que los dedos de la mano izquierda señalen hacia la derecha y los de la mano derecha señalen hacia la izquierda, y las puntas de los pulgares estén ligeramente en contacto.

Ideal para: serenidad, claridad, armonía, conocimiento alegre

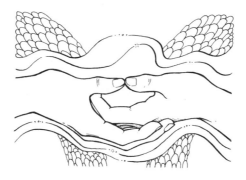

Guyan mudra

Pon las palmas de las manos hacia arriba con la parte superior de los brazos junto al cuerpo y los antebrazos extendidos hacia fuera a 45 grados de cada costado, el pulgar y el índice de cada mano en contacto y los demás dedos extendidos juntos.

Ideal para: receptividad, poder personal tranquilo

Guyan mudra activo

Como el guyan mudra, pero con los índices doblados bajo los pulgares.

Ideal para: poder activo, autoridad tranquila, confianza

Buddhi mudra

Como el guyan mudra, pero con el pulgar en contacto con el dedo meñique en lugar del índice.

Ideal para: comunicación armoniosa y conexiones con los demás tanto en el mundo visible como en el mundo invisible

Mudra de Júpiter

Entrelaza los dedos, con los pulgares cruzados y los índices extendidos y en contacto.

> **Ideal para:** concentración, confianza, superar obstáculos, eliminar barreras

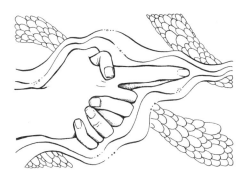

Postura de la diosa

Separa los pies a la anchura de la cadera y extiende los brazos en forma de *V*, con los dedos rectos y juntos las palmas hacia dentro y hacia arriba, de modo que tus manos sean una prolongación de la línea que dibujan tus brazos.

> **Ideal para:** invocar y/o encarnar la energía divina femenina, invocar a la Gran Diosa en cualquiera de sus muchas formas

Postura del dios

Con los tobillos en contacto, cierra los puños y cruza las manos sobre el pecho, con las palmas hacia dentro.

Ideal para: invocar y/o encarnar la energía divina masculina, invocar a Dios en cualquiera de sus muchas formas

Copa rebosante

Forma una copa con ambas manos, con la base de los dedos meñiques en contacto y las palmas hacia arriba. Visualiza y siente abundantes bendiciones con la forma de una centelleante luz entre blanca y dorada que desciende del cielo, llena tus manos ahuecadas y las rebosa.

Ideal para: manifestar abundancia, confiar que estás segura y tienes las necesidades cubiertas, aprender a recibir con gentileza

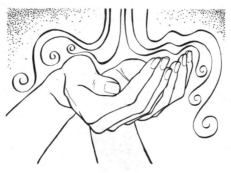

Manoplas de reiki

Ahueca ligeramente las manos separadas y gira las palmas hacia el objeto o el área que deseas reforzar, visualizando y sintiendo que una luz clara universal con destellos multicolores te atraviesa la coronilla, se dirige hacia tu corazón y fluye de las palmas de tus manos.

> **Ideal para:** reforzar objetos o áreas con luz universal y amor, lo que atrae exactamente lo necesario para la sanación, la manifestación, el equilibrio y la sintonía con lo Divino

Vocalizaciones

Una vez has decidido tu intención y tu gesto, ha llegado el momento de seleccionar una vocalización que los acompañe y que te parezca poderosa. A continuación encontrarás algunas ideas.

Afirmaciones y rimas

Una opción muy sencilla sería utilizar como vocalización la intención elegida en forma de afirmación. Dicho de otro modo, pongamos que tu intención es ésta: «Vivo ahora una apasionada y satisfactoria relación amorosa con una pareja que me enriquece y me apoya de todas las formas posibles». Dado que está en presente, como si ya fuera cierta, es una afirmación perfectamente construida, por lo que podrías simple y eficazmente dejar que tu intención sirva a la vez de vocalización.

Las rimas son muy mágicas, y, si rimar te parece especialmente poderoso, también es una buena opción. Utilizando de nuevo la intención anterior como ejemplo, podrías escribir una vocalización como: «Tú me quieres y yo te quiero, nuestro amor es verdadero». Una ventaja de las rimas es que aportan un espíritu divertido y lúdico, que abre puertas a la posibilidad y confiere una cualidad fantasiosa a la magia y sus efectos.

Nombres de lo divino

También podrías elegir un nombre divino para tu vocalización. Simplemente, diciendo conscientemente el nombre de una deidad concreta, puedes invocar a esa deidad y las cualidades y los poderes que la acompañan. A continuación encontrarás algunas deidades poderosas, cuyos nombres podría apetecerte invocar para propósitos concretos. Naturalmente, puedes elegir deidades que no están en esta lista.

   Forseti. El dios nórdico de la imparcialidad y la justicia. Forseti resuelve las disputas y los asuntos legales de forma imparcial, justa y rápida.

   Ganesh. La deidad con cabeza de elefante de la tradición hindú. Ganesh elimina con eficacia los obstáculos y prepara el terreno para el éxito.

   Isis. Una diosa egipcia muy querida que suele representarse con alas. Entre los dones de Isis figuran la fuerza y el poder femeninos, el equilibrio y la armonía con respecto a las responsabilidades y el talento equilibrado con la relajación y la receptividad.

Krishna y Radha. Los amantes divinos de la tradición hindú. Krishna y Radha nos infunden las energías del amor romántico apasionado y armonioso.

Lakshmi. La hermosa diosa hindú de la prosperidad, a menudo representada en o cerca de un río y acompañada de elefantes. Lakshmi puede dotarnos de riqueza, abundancia y lujo.

Maitreya. El Buda feliz y rechoncho que siempre vemos en los restaurantes chinos. Entre los dones de Maitreya figuran la abundancia, una alegría duradera y la confianza en lo Divino. También recibe el nombre de Hotei, o Buda Sonriente.

Miguel. El arcángel principal, con su fiera espada. Miguel aporta una fuerte purificación y protección, sincronicidad y confianza.

Quan Yin. El equivalente femenino de Buda. Quan Yin aporta serenidad, espiritualidad, pureza y amor cariñoso.

Rafael. El arcángel del aire y médico divino. Rafael ayuda con la salud y la curación de la mente, el cuerpo y las emociones.

Santa Marta. La santa católica, representada a menudo con un dragón. Santa Marta ofrece armonía y felicidad en la familia y el hogar.

Yemayá. La hermosa diosa yoruba del océano y la maternidad. Yemayá te aporta un alineamiento muy profundo con tu auténtico yo y tu auténtica vocación, te ayuda a manifestar los deseos más profundos de tu corazón y puede ayudarte a eliminar suave y eficazmente lo que ya no te sirve a ti o a tu propósito.

Las seis palabras verdaderas

Las seis palabras verdaderas son: «Om ma ni pad me hum». Se trata de una vocalización que va bien para muchas cosas, ya que invoca la energía universal del amor / de la luz para sanar, bendecir y reforzar de la(s) forma(s) exacta(s) que más necesitamos. Es intraducible, y se considera sumamente poderosa.

Aham prema

Aham prema significa «Soy amor divino». Abre y equilibra el centro del corazón, armoniza las relaciones, atrae el amor verdadero y aumenta tanto la receptividad como la generosidad.

Ong so hung

Ong so hung significa «¡Creador, yo soy tú!» Esta vocalización es ideal si deseas despertar la chispa divina interior para sentirte feliz, sana, poderosa y libre, y para manifestar alguno o todos los auténticos deseos de tu corazón.

Mantra siri gaitri

El mantra *siri gaitri* es «Ra ma da sa, sa say so hung». Invoca al sol, la luna, la tierra y el infinito, y los reúne en la totalidad de tu ser. Elige esta vocalización para sanar a todos los niveles y conseguir un profundo alineamiento con Todo Lo Que Es, armonía, equilibrio, alegría muy arraigada, y para activar y utilizar la totalidad de tu poder mágico.

Mantra guru

El mantra *guru* es «Wahe guru», y es una exclamación intraducible de asombro ante la infinita, hermosa y misteriosa naturaleza de lo Divino. Abre puertas de posibilidad y atrae condiciones con vibraciones espirituales muy elevadas.

Unir todas las piezas
(1 gesto + 1 vocalización + 1 visualización = los tres secretos)

Para realizar el refuerzo de los tres secretos, es importante que te sientas tranquila, lúcida, positiva y cómoda. Por esta razón, tal vez quieras bañarte antes y ponerte algo cómodo. También es importante que la casa esté limpia y sin desorden, y que la energía haya sido purificada recientemente.

Sitúate cerca del objeto o en el área que te gustaría reforzar con tu intención. Respira hondo varias veces y relájate. Empieza ahora a concentrarte en tu intención. Visualiza y siente los sentimientos que conlleva vivir exactamente lo que te gustaría vivir. Ahora, adopta el gesto, cierra los ojos y, con confianza y fuerza en tu voz, repite la vocalización una cantidad determinada de veces.[3] (Tres y nueve son elecciones habituales y eficaces, pero elige la cantidad que te parezca adecuada.) Cuando hayas terminado la vocalización, con los ojos todavía cerrados, visualiza y siente de nuevo con fuerza que tu intención ya ha cobrado forma. Por ejemplo, si tu intención es manifestar abundancia, podrías imaginarte ingresando cheques cuantiosos en tu cuenta bancaria, yendo a comer a tus restaurantes favoritos, mirando con alegría el saldo cada vez mayor de tu extracto bancario, yendo de vacaciones, etc. Siente lo que te gustaría sentir cuando esto ocurra. Podrías también imaginar la riqueza en forma de una brillante luz dorada que llena y se arremolina alrededor de tu hogar, tu aura y tu cartera. En cuanto los sentimientos y la visualización empiecen a desvanecerse, abre los ojos y sigue con tus actividades diarias confiando plenamente en que tu refuerzo ha sido un éxito. Y, del mismo modo que cuando delegas una tarea importante a un amigo o un familiar en quien confías mucho, deposita toda tu confianza en lo Divino para que te ayude perfectamente en este asunto a cualquier nivel.

---

3. En el caso del mudra de la expulsión, tendrás que repetir el movimiento cada vez que repitas la vocalización.

Ejemplos de refuerzos

A continuación encontrarás unos cuantos refuerzos que he reunido para darte una idea de cómo planear los tuyos. Pero, si ves que alguno de los siguientes te gusta y concuerda con tu intuición, utilízalo tal como está, o retócalo un poco hasta que te vaya bien.

Riqueza y abundancia

Área/objeto a reforzar: El recibidor (el área del interior de la casa tras la puerta principal, por donde entran las bendiciones al hogar).

Intención: «Recibo constantemente abundancia de la Fuente Infinita.»

Gesto: Copa rebosante.

Vocalización: «Lakshmi», repetida nueve veces (decir el nombre de la diosa)

Visualización: Cantidades enormes de efectivo, monedas, cheques, oro y una centelleante luz dorada que desciende del cielo, inunda todo el cuerpo y el aura, llena la habitación y recorre después con fuerza el resto de la casa.

Romance armonioso

Área/objeto a reforzar: Una vela roja en forma de corazón.

Intención: «Mi pareja y yo vivimos ahora un romance armonioso y apasionado.»

Gesto: Mudra de la tranquilidad del corazón.

Vocalización: «Aham prema» («Soy amor divino»).

Visualización: Ve y/o siente que tu pareja y tú reís juntos y os sentís muy felices, muy cariñosos y muy enamorados. Imagina una luz rosa que os rodea a ambos y se arremolina a vuestro alrededor mientras os abrazáis, y dirige entonces mentalmente la misma luz rosa centelleante hacia la vela. Ahora, cada vez que la enciendas, liberará esta energía a tu vida y magnetizará el resultado deseado.

Felicidad y alegría

Área/objeto a reforzar: Cada habitación de la casa.

Intención: «Esta casa está llena de felicidad y alegría.»

Gesto: Buddhi mudra.

Vocalización (la misma que la intención): «Esta casa está llena de felicidad y alegría».

Visualización: Risas, sonrisas, sensación de felicidad, interacciones armoniosas, una luz dorada que llena cada habitación de destellos que se elevan como las burbujas del champán. Ve a cada habitación/área y repite el refuerzo.

6

Gemas

Durante muchos siglos y en muchas culturas se han usado gemas para sanar y bendecir. También se han utilizado para manifestar cosas maravillosas, como el romance, la abundancia, la felicidad, la serenidad y el éxito. En este capítulo encontrarás algunas gamas útiles y sus propiedades, además de la explicación sobre cómo utilizarlas en tus cuidados mágicos de la casa.

Limpiar tu cristal

Cuando utilices un cristal con finalidades mágicas, asegúrate de limpiarlo regularmente, ya que puede absorber y retener vibraciones negativas. Hazlo por lo menos una vez a la semana de una o más de las siguientes formas:

- Déjalo bajo la luz brillante del sol media hora por lo menos.

- Sitúalo bajo un chorro de agua fría del grifo un minuto por lo menos.

- Déjalo en un curso de agua limpia y circulante un minuto por lo menos.

- Entiérralo en un plato de sal marina veinte minutos por lo menos.

- Sahúmalo con salvia blanca el tiempo que creas necesario (normalmente basta con un minuto).

Emplazamiento

La forma más sencilla de usar un cristal en los cuidados mágicos de la casa consiste en colocarlo en tu entorno. Empieza por cargarlo con tu intención, tal como se describe a continuación.

Cargar un cristal con tu intención

Para cargar un cristal con una intención concreta, sostenlo en la mano derecha abierta, ahuecada ligeramente y acunada por la mano izquierda. Cierra los ojos, concéntrate en tu intención como si ya se hubiera manifestado y visualiza la energía de tu intención manifestada como una brillante luz blanca que llena el cristal. Retén esta intención unos treinta segundos, viendo y sintiendo que el cristal vibra y se arremolina con la luz y la energía de tu intención.

Elegir un emplazamiento

Según el cristal y tu intención, podrías colocarlo en diversos sitios, como:

- Bajo tu almohada o cerca de tu cama. En este emplazamiento, absorberás las energías del cristal mientras duermes.

- En un altar. En él, representará tu intención a la vez que favorecerá que ésta cobre forma. Incluso puedes crear un altar específico para tu intención, usando el cristal como centro de atención o potenciación.

- En una zona de meditación. De este modo puedes absorber las energías del cristal mientras meditas, lo que te ayudará a adquirir perspectiva y a recibir orientación y curación específicas de tu intención.

- Otros sitios específicos del cristal y la intención. Encontrarás ideas para los emplazamientos de los cristales en las descripciones de los mismos expuestas a continuación.

Una vez coloques el cristal, si quieres, puedes realizar el refuerzo de los tres secretos para potenciar la magia (véase capítulo 5).

Esencias

También conocidas como elixires, las esencias son la vibración del cristal conservado en agua y en brandi. Para nuestros fines, usar la esencia de una gema conlleva verter unas cuantas gotas en un producto de limpieza del hogar o un espray ambientador a fin de difundir la vibración del cristal por toda la habitación. Puedes comprar esencias de gemas ya preparadas o prepararlas en casa. Las esencias de gemas que pueden adquirirse también pueden ingerirse, pero, si la preparas tú misma para usarla en tus cuidados mágicos de la casa (véase más abajo), no te aconsejo que la ingieras a no ser que seas una experta, o hasta que te hayas documentado más a fondo sobre la preparación de esencias de gemas por lo menos.

· ·

Cómo preparar esencias de gemas

INGREDIENTES:

Un cristal limpio (elige el tipo según tus necesidades, véase más
abajo)

Agua pura

Una copa de vino clara, muy limpia

Brandi

Una botellita con cuentagotas

Un día soleado, entre luna nueva y luna llena, sitúa el cristal en la
copa. Vierte el agua sobre el cristal para llenar la copa. Coloca la copa
bajo la luz brillante del sol tres horas por lo menos, asegurándote de que
no le dé la sombra. Durante este tiempo, deja la botella con cuentagotas
vacía junto a la copa para purificarla con la luz del sol. Después de que
el sol haya bañado el agua y la botella el tiempo asignado, coloca las
manos sobre el agua y visualiza que una luz muy brillante y centelleante
la llena. Di una rápida plegaria, como:

> Gran Espíritu, infunde, por favor, vibraciones de sanación
> y amor a esta agua. Por favor, activa totalmente la energía
> positiva de este cristal, y llena el agua de ella para que el agua
> sea una potente medicina y un aliado eficaz para mí
> en mis intervenciones mágicas.

Llena después la botella con el cuentagotas con una mitad de brandi y
otra mitad del agua de la copa de vino, usando el cuentagotas para introducir el agua en la botella. Esto conservará la vibración del cristal en el agua.

Una vez hayas preparado la esencia, puedes añadir cuatro gotas en
un espray ambientador o una solución limpiadora para difundir las vibraciones por toda la habitación. También puedes ponerte unas gotas en

las muñecas, y frotarlas después entre sí para interiorizar la magia y para tu sanación personal.

Los cristales

Hay muchos tipos de cristales con una enorme selección de propiedades curativas únicas. Más abajo he incluido algunos que me han resultado especialmente útiles para los cuidados mágicos de la casa. Úsalos en forma de esencia, situándolos del modo que he descrito antes, o en cualquiera de las formas que describo a continuación y que son exclusivas de cada cristal. ¡Y no dejes de probar otros también! (Para las fuentes, consulta la bibliografía.)

Amatista

La amatista posee una vibración muy profunda y espiritual. Te alinea con tu yo superior y tu conciencia universal. Te ayuda a ver lo Divino en todo y crea sentimientos de profunda relajación y armonía interior. La amatista sustituye también el miedo y la preocupación por la confianza de estar totalmente segura y con las necesidades totalmente cubiertas. Situar una amatista bajo tu almohada o cerca de tu cama te ayudará a dormir bien, lo mismo que vaporizar tu habitación con un espray ambientador que contenga cuatro gotas de esencia de amatista.

Lleva este cristal a tu espacio cuando:

- Desees aliviar la depresión y/o la negatividad.

- Sufras insomnio, ansiedad y/o estrés.

- Desees manifestar más abundancia.

- Sufras una adicción.

Además de las ideas mencionadas al principio del capítulo, a continuación encontrarás algunas buenas formas de utilizar este cristal:

- Sitúalo en tu área de la gratitud y la prosperidad para que ayude a manifestar abundancia sustituyendo la preocupación por confianza.

- Sitúalo en el área de la sincronicidad y los milagros para que te ayude a alinearte con la conciencia divina.

- Sitúalo en el área de la serenidad y la autoestima para alinearte con vibraciones muy espirituales.

Angelita

La angelita, con un nombre muy acertado, posee unas vibraciones muy angelicales. Ayuda a conferir frialdad y receptividad a las emociones, lo que favorece la comunicación armoniosa. Cuando estableces tu intención, la angelita también puede ayudar a retener las vibraciones del reino de los ángeles en tu espacio y en tu vida. Es ideal para sacarte de las ilusiones de carencia y de discordia y llevarte a la percepción de la precisión divina y el conocimiento de que todo va bien.

Lleva este cristal a tu espacio cuando:

- Desees llevar las vibraciones del reino de los ángeles a tu hogar.

- Desees enfriar emociones fuertes y crear una comunicación armoniosa.

- Estés preparada para abandonar las ilusiones de carencia y discordia y percibir, en su lugar, la armonía y la perfección en todas las cosas.

Además de las ideas mencionadas al principio del capítulo, a continuación encontrarás algunas buenas formas de utilizar este cristal:

- Sitúalo en tu área de la sincronicidad y los milagros para alinearla con el reino de los ángeles y atraer sus vibraciones a tu hogar.

- Sitúalo en tu área de la creatividad y el espíritu lúdico para sanar la comunicación con tus hijos y/o tu niño interior.

- Sitúalo en tu área de la creatividad y el espíritu lúdico para ayudarte a expresarte de un modo espiritual y altamente vibratorio.

Apofilita

La apofilita, un cristal transparente que adopta la forma de pirámides, cubos y agrupamientos, es muy clara y brillante, con una energía sobrenatural, pura, brillante y muy vibradora. Es, de hecho, una representación física de la luz universal. Levanta el ánimo; potencia la imaginación, la intuición y la memoria; te ayuda a conectarte con otras dimensiones y reinos (incluido los reinos de los ángeles y las hadas); te ayuda a eliminar rastros persistentes de una enfermedad física y/o emocional pasada, y favorece las aventuras fantasiosas.

Lleva este cristal a tu espacio cuando:

- Desees conectar con otros reinos y recibir sanación, inspiración y/o información.

- Desees potenciar tu creatividad y tu imaginación.

- Desees potenciar tu intuición.

- Desees potenciar tu memoria.

- Estés interesada en hacer desaparecer los últimos rastros persistentes de viejos traumas o heridas físicas o emocionales.

- Desees elevar las vibraciones de tu espacio a un nivel muy alto.

- Desees atraer a ángeles y/o hadas a tu espacio.

Además de las ideas mencionadas al principio del capítulo, a continuación encontrarás algunas buenas formas de utilizar este cristal:

- Sitúalo cerca de tu zona de trabajo para potenciar tu creatividad, inspiración, intuición y/o memoria.

- Sitúalo en tu área de la creatividad y el espíritu lúdico para potenciar tu imaginación y creatividad.

- Sitúalo en tu área de la sincronicidad y los milagros para invocar a los ángeles y/las o hadas a tu espacio y conectarte con la luz universal.

- Sitúalo bajo tu almohada para recibir orientación y sanación en tus sueños y/o visitar otros reinos en sueños.

Aqua Aura

Este cristal es hijo natural del cuarzo blanco y el oro. Al tratarlo a una temperatura muy alta con oro, el cuarzo blanco adopta una milagrosa tonalidad aguamarina (de ahí el nombre). Éste es mi cristal favorito. Es una piedra de pura alegría, satisfacción, confianza, conocimiento de uno mismo, autoexpresión y libertad personal. Transmite una vibración optimista, clara y mística a la mente, el cuerpo y el espíritu.

Lleva este cristal a tu espacio cuando:

- Desees elevar tu conciencia a, y alinear tu espacio con, los reinos de los ángeles, mágico y de las hadas.

- Desees infundir vibraciones claras, alegres y místicas a tu espacio.

- Desees elevar tu conciencia de la prosperidad tomándote los asuntos económicos como una diversión y una aventura en lugar de verlos como una gran responsabilidad.

- Necesites una inyección de energía positiva.

Además de las ideas mencionadas al principio del capítulo, a continuación encontrarás algunas buenas formas de utilizar este cristal:

- Sitúalo cerca de tu zona de trabajo para ayudarte a expresar tu singularidad.

- Sitúalo en tu área de la creatividad y el espíritu lúdico para activar las energías creativa y fantasiosa relacionadas con esta área.

- Sitúalo en tu área de la sincronicidad y los milagros para obtener la ayuda de las hadas y los ángeles en tu vida.

Aguamarina

Como un arroyo de montaña, este cristal posee un efecto suave, refrescante, tranquilizante y purificador sobre el cuerpo, la mente y las emociones.

Lleva este cristal a tu espacio cuando:

- Quieras beneficiarte de desintoxicarte a nivel físico, emocional y/o espiritual.

- Desees experimentar una mayor claridad.

- Desees experimentar una sanación suave a cualquier nivel o a todos los niveles.

- Creas que necesites animarte.

Además de las ideas mencionadas al principio del capítulo, a continuación encontrarás algunas buenas formas de utilizar este cristal:

- Colócalo en tu área de la creatividad y el espíritu lúdico para añadir ligereza y alegría a tu vida, y para ayudarte a purificar tus viejas heridas o bloqueos emocionales sufridos por tu niño interior.

- Colócalo en tu área de la salud y las relaciones familiares para ayudarte a sanar y purificar viejos asuntos familiares, y a desintoxicar tus emociones y tu cuerpo físico.

Cuarzo citrino

Se trata de una variedad de cuarzo de color naranja o amarillo. Aporta puro sol, felicidad y energía positiva general. También contribuye a la abundancia a nivel emocional, mental y espiritual. Puede ayudarte a tener una mayor conciencia de la naturaleza infinita de la abundancia y a prepararte para la idea de recibir abundancia, lo que, por supuesto, hace que te sea más fácil conseguir la abundancia.

Lleva este cristal a tu espacio cuando:

- Desees aportar algo de energía del sol a tu espacio y a tu vida.

- Desees sanar conscientemente tus actitudes con respecto a la riqueza.

- Desees aumentar tu prosperidad financiera.

Además de las ideas mencionadas al principio del capítulo, a continuación encontrarás algunas buenas formas de utilizar este cristal:

- Sitúalo en tu área de la serenidad y la autoestima para ayudarte a animarte y/o alegrarte.

- Sitúalo en tu área de la serenidad y la autoestima para ayudar a sanar tus actitudes con respecto a la riqueza.

- Sitúalo en tu área de la serenidad y la autoestima para ayudar a aumentar tu prosperidad financiera.

- Sitúalo cerca de la zona donde pagues las facturas y tengas los talonarios de cheques y/o documentos financieros para ayudarte en tu actitud con respecto a la gestión de tu dinero y, por lo tanto, ayudar a que la prosperidad fluya hacia ti con mayor abundancia.

Fluorita

La fluorita posee una energía muy fresca y clara. Sirve para aliviar el estrés simplificando tus percepciones conscientes, organizando y aclarando los pensamientos y aportando paz a las emociones. También potencia la autoestima al ayudarte a descubrir y fomentar tus talentos y habilidades personales.

Lleva este cristal a tu espacio cuando:

- Te sientas emocional o mentalmente abrumada.

- Hayas limpiado, despejado el desorden y/u organizado recientemente, y desees liberar la energía que ha quedado del desorden y la confusión.

- Tengas dificultades con la toma de decisiones.

- Notes una falta de autoestima debido a una dificultad a la hora de reconocer tus puntos fuertes.

- Estés preparada para descubrir tus talentos y habilidades únicos o para alinearte más profundamente con ellos.

Además de las ideas mencionadas al principio del capítulo, a continuación encontrarás algunas buenas formas de utilizar este cristal:

- Sitúalo en tu área de la serenidad y la autoestima para ayudarte a descubrir y/o fomentar tus talentos y habilidades únicos.

- Sitúalo en tu área de la serenidad y la autoestima para promover la calma y la serenidad interiores.

- Sitúalo en tu área de la profesión y el camino vital para ayudar a alinear tu carrera profesional con tus talentos y habilidades únicos.

- Sitúalo en tu área de la creatividad y el espíritu lúdico para aportar frescura y claridad a tus perspectivas y/o proyectos creativos.

- Sitúalo cerca de tu zona de trabajo para fomentar la claridad y ayudarte a ver la forma más sencilla y eficaz de hacer una cosa concreta (lo que facilita la gestión del tiempo).

Granate

El granate despierta una pasión profunda y duradera en las emociones y te traslada al reino de la percepción y del placer sensual. De naturaleza terrenal y fogosa a la vez, te conecta con el verdadero poder que procede de habitar por completo tu cuerpo y de reconocer y expresar plenamente tu sexualidad.

Lleva este cristal a tu espacio cuando:

- Desees conectar más plenamente con tu cuerpo y tu sexualidad.

- Desees imprimir más pasión y placer físico a una relación.

- Desees manifestar tus esperanzas y sueños conectándolos con la tierra en el reino físico y dando pasos concretos hacia ellos.

- Te acompleje tu cuerpo y/o aspecto.

- Desees sentirte y verte más sexy.

- Necesites una dosis adicional de valor.

Además de las ideas mencionadas al principio del capítulo, a continuación encontrarás algunas buenas formas de utilizar este cristal:

- Sitúalo en tu área del amor y el matrimonio para conectar con tu sensualidad y autoestima y para apreciar tu cuerpo.

- Sitúalo en tu área del amor y el matrimonio para manifestar una apasionada relación amorosa o para potenciar una ya existente.

- Sitúalo en tu área del esplendor y la reputación para despertar tu confianza y tu valor.

- Sitúalo en tu área de la sinergia, el equilibrio y la dicha para ayudarte a manifestar tus esperanzas y sueños conectándolos con la tierra en el reino físico.

- Sitúalo en tu área de la sinergia, el equilibrio y la dicha para ayudarte a sentirte conectada con la tierra y poderosa.

Lapislázuli

El lapislázuli es un auténtico regalo. Aporta sentimientos de pura alegría y dicha infantil concienciándote de que el mundo cotidiano de las formas está imbuido y es inseparable de los mundos mágicos de todas las posibilidades. El lapislázuli es una medicina muy buena para los niños y para el niño interior que se han visto obligados a crecer pronto como consecuencia de un trauma. Si no te has dado tiempo para jugar o permiso para dejar vagar y volar tu imaginación, esta piedra es para ti. Está alineada con el infinito, la naturaleza mística del universo. Sus cualidades también te ayudan a alinearte con tus habilidades intuitivas, mágicas y psíquicas.

Lleva este cristal a tu espacio cuando:

- Tu energía o tu ánimo se resientan debido a una falta de espíritu lúdico, alegría e imaginación.

- Tu hijo esté viviendo un trauma o sanando de él.

- Estés preparada para sanar viejos asuntos de la infancia.

- Desees aportar sentimientos de pura y profunda alegría y libertad a tu espacio.

- Desees alinearte más profundamente con tus habilidades intuitivas, mágicas y psíquicas.

Además de las ideas mencionadas al principio del capítulo, a continuación encontrarás algunas buenas formas de utilizar este cristal:

- Sitúalo bajo la almohada de tu hijo o cerca de la cabeza de tu hijo mientras duerme para ayudarle a vivir la alegría de la infancia incluso durante o después de algún trauma.

- Sitúalo en tu área de la creatividad y el espíritu lúdico para animar a tu niño interior a jugar y a imaginar.

- Sitúalo en tu área de la serenidad y la autoestima para ayudarte a alinearte con tus habilidades intuitivas, mágicas y psíquicas.

- Sitúalo cerca de tu zona de trabajo creativo para fortalecer y potenciar la creatividad y añadir una cualidad mágica y fantasiosa a tu trabajo.

Lepidolita

La lepidolita (a veces rosada, a veces violácea; sus piedras pulidas son lisas con destellos plateados) aporta ligereza, alegría y viveza al corazón, y abre caminos al amor y a las sincronicidades armoniosas. Posee una energía radiante, alegre, optimista, parecida a la de las hadas, que magnetiza tanto la energía de las hadas como las parejas y las condiciones románticas ideales. Fomenta la autoestima. También puede ir muy bien para niños que necesiten ayuda con la confianza o que no juegan lo suficiente.

Lleva este cristal a tu espacio cuando:

- Desees animar el ambiente con vibraciones animadas y alegres.

- Desees atraer a las hadas y energía parecida a la de las hadas a tu espacio.

- Desees jugar y divertirte más.

- Desees atraer a una pareja o condición romántica ideal.

- Desees quererte más a ti misma.

- Desees abrir tu corazón al amor.

- Tu hijo necesite ayuda con la confianza o el sentido del juego.

Además de las ideas mencionadas al principio del capítulo, a continuación encontrarás algunas buenas formas de utilizar este cristal:

- Sitúalo en tu área de la creatividad y el espíritu lúdico para atraer a las hadas, aumentar tu espíritu lúdico, apoyar a tu hijo y/o potenciar tu creatividad.

- Sitúalo en tu área del amor y el matrimonio para atraer a una pareja ideal o condiciones románticas ideales.

- Sitúalo en tu área del amor y el matrimonio para aumentar tu autoestima y abrir tu corazón al amor.

- Sitúalo en la habitación de tu hijo para aumentar su confianza y favorecer su espíritu lúdico.

Piedra de luna

La piedra de luna es pura receptividad. Es el aspecto más suave y dulce de las cosas. Te alinea con la energía lunar y la feminidad divina.

Lleva este cristal a tu espacio cuando:

- Desees aportar la energía suave y receptiva de la luna a tu espacio y a tu vida.

- Desees alinearte más profundamente con tu intuición.

- Estés interesada en fortalecer tu relación con la Diosa.

- Estés en proceso de sanar tus emociones.

- Desees aumentar tu capacidad de recibir.

- Desees equilibrar un exceso de energía masculina con más energía femenina.

- Desees recibir curación y apoyo con respecto a asuntos físicos femeninos, como una menstruación difícil o la menopausia.

Además de las ideas mencionadas al principio del capítulo, a continuación encontrarás algunas buenas formas de utilizar este cristal:

- Sitúalo en tu área del amor y el matrimonio para aumentar tu capacidad de recibir amor y apoyo.

- Sitúalo en tu área del amor y el matrimonio para abrirte a las posibilidades románticas.

- Sitúalo en tu área de la creatividad y el espíritu lúdico o de la serenidad y la autoestima para aumentar tus poderes intuitivos.

- Sitúalo en tu área de la sincronicidad y los milagros para atraer la ayuda de la luna y las diosas lunares a tu vida.

Ágata musgosa

El ágata musgosa sana a un nivel muy profundo liberando el estrés, fortaleciendo el corazón y conectándote con la energía curativa de la tierra y las plantas. Posee una energía muy tranquilizadora y suavemente reforzadora. También ayuda a aportar armonía a las familias y a las relaciones familiares.

Lleva este cristal a tu espacio cuando:

- Te sientas abrumada, superada por el trabajo y/o estresada.

- Tu sistema inmunológico necesite un empujón.

- Desees profundizar tu relación con la tierra y las plantas.

- Desees aportar una energía reconfortante y tranquilizadora a tu entorno.

- Desees aportar armonía y sanación a las relaciones familiares.

Además de las ideas mencionadas al principio del capítulo, a continuación encontrarás algunas buenas formas de utilizar este cristal:

- Sitúalo en tu área de la salud y las relaciones familiares para fortalecer tu corazón, tu salud y tu sistema inmunológico.

- Sitúalo en tu área de la salud y las relaciones familiares para fortalecer y armonizar las relaciones familiares.

- Sitúalo en tu área de la serenidad y la autoestima para relajar y revitalizar una mente abrumada, agotada por un exceso de trabajo o estresada.

- Sitúalo en tu área de la sincronicidad y los milagros para alinearte con, y recibir ayuda y orientación de, las plantas y la tierra.

Nota importante: no lo sitúes en el lugar donde estés al sufrir tensiones y estrés, como tu zona de trabajo, porque el ágata musgosa revitaliza y restituye en lugar de compensar. En su lugar, utiliza fluorita para crear claridad o bien obsidiana para absorber las vibraciones fuertes y negativas. Usa el ágata musgosa después, cuando te vayas de esa área.

Obsidiana

La obsidiana posee una energía increíblemente antigua y sabia. Su capacidad de absorber negatividad es legendaria. Gracias a esta cualidad, hay que limpiarla a menudo para liberarla y purificarla de estas energías. Si hay un área que a menudo o a veces se carga de una energía negativa, intensa y/o excesiva, la obsidiana contribuye a neutralizar esta energía y a crear un ambiente más limpio, más suave y más sereno. Dado que su energía es tan profunda y tranquilizadora, puede ayudarte a alinearte con tu auténtico propósito y tu camino profesional, especialmente cuando has estado viviendo tensiones y preocupaciones sobre esta cuestión.

Lleva este cristal a tu espacio cuando:

- Desees crear claridad y serenidad neutralizando los efectos de emociones o acontecimientos fuertes.

- Desees reducir la existencia de discordia, palabras desagradables y/o sentimientos heridos en tu espacio.

- Desees crear un ambiente más tranquilo eliminando los efectos de un exceso de energía y ansiedad.

Además de las ideas mencionadas al principio del capítulo, a continuación encontrarás algunas buenas formas de utilizar este cristal:

- Sitúalo en cualquier área en la que tengas tendencia a experimentar dificultades, discordias, un exceso de energía y/o ansiedad.

- Sitúalo en tu área de la profesión y el camino vital para ayudarte a alinearte con tu auténtico propósito y tu camino profesional.

- Sitúalo en tu área de la serenidad y la autoestima para ayudarte a experimentar una profunda sensación de tranquilidad y de calma interior.

Cuarzo rosado

El cuarzo rosado posee una vibración muy suave, cariñosa, curativa, relajante, tranquilizadora y que abre el corazón. Te ayuda a descansar, potencia el romance, crea armonía y acelera la curación a todos los niveles.

Lleva este cristal a tu espacio cuando:

- Desees crear un ambiente tranquilizador y aliviar el estrés.

- Desees experimentar más armonía y dulzura en tu vida amorosa.

- Desees potenciar la curación a cualquier nivel.

Además de las ideas mencionadas al principio del capítulo, a continuación encontrarás algunas buenas formas de utilizar este cristal:

- Pon dos, uno al lado del otro, en tu área del amor y el matrimonio o tu dormitorio para facilitar que se manifieste una relación romántica o armonizar una ya existente.

- Sitúalo debajo o cerca de tu almohada para sanar y para ayudarte a dormir plácida y profundamente.

- Sitúalo en tu área de la serenidad y la autoestima para ayudarte a aliviar el estrés y aumentar tu autoestima.

- Si tu hijo es especialmente sensible, sitúalo cerca de su almohada para facilitar la sanación y recuperar su cuerpo físico y energético mientras duerme.

- Sitúalo en tu zona de trabajo para que ayude a suavizar y disipar las dificultades y/o la negatividad.

Cuarzo rutilado

Este cristal está formado por cuarzo lleno de filamentos de rutilo metálico. Soluciona y sana poderosamente cuestiones relacionadas con la abundancia y la autoestima aportando claridad, verdadera sabiduría, motivación dinámica y conciencia de tu propio poder y de la naturaleza infinita de tu fuente. Como todos los cuarzos, aumenta la energía y concentra/dirige las intenciones.

Lleva este cristal a tu espacio cuando:

- Desees estar más segura de ti misma.

- Desees manifestar activamente la abundancia de la mejor forma posible.

- Necesites algo de valor, energía, sabiduría y/o motivación.

Además de las ideas mencionadas al principio del capítulo, a continuación encontrarás algunas buenas formas de utilizar este cristal:

- Sitúalo en tu área de la gratitud y la prosperidad para ayudarte a motivarte, animarte e inspirarte a manifestar abundancia.

- Sitúalo en tu zona de trabajo para estar lúcida, concentrada e inspirada.

- Sitúalo en tu área de la creatividad y el espíritu lúdico para reforzar tus esfuerzos creativos y motivarte a seguir adelante con tu carrera creativa.

- Sitúalo en tu área de la serenidad y la autoestima para establecer y/o seguir las pautas de un ejercicio, una dieta o un hábito de meditación.

- Sitúalo en tu área de la serenidad y la autoestima para ayudarte a tener éxito en tus estudios.

Cuarzo blanco / cristal de roca

El cuarzo blanco / cristal de roca purifica y amplifica. Se le da especialmente bien retener la intención con la que se carga y dirigirla hacia la manifestación del resultado deseado.

Lleva este cristal a tu espacio cuando:

- Desees amplificar la energía ya presente en un objeto o área.

- Desees aumentar tu energía física, mental y/o espiritual.

- Desees retener vibraciones altas y puras en un área.

- Desees aclarar y dirigir una intención específica.

Además de las ideas mencionadas al principio del capítulo, a continuación encontrarás algunas buenas formas de utilizar este cristal:

- Sitúalo en el centro de poder de tu casa correspondiente a una intención concreta (prosperidad, profesión, salud, etc.) sobre un pedazo de papel que incluya tu intención como si ya hubiera ocurrido.

- Sitúalo junto a otro cristal para amplificar su poder.

- Sitúalo junto a otro objeto mágico (planta, imagen, etc.) para intensificar su poder.

- Sitúalo en cualquier área en la que desees tener más energía.

- Sitúalo en tu área de la sincronicidad y los milagros, de la creatividad y el espíritu lúdico, de la serenidad y la autoestima o de la profesión y el camino vital para amplificar las energías relacionadas con el área en sí.

7

Hadas, ángeles y otros seres serviciales

Me encanta conseguir la ayuda de los seres divinos y sobrenaturales. No sólo son maravillosamente serviciales, sino que también poseen cualidades únicas y encantadoras que hace que sea divertido conocerlos y estar con ellos. Muchos de ellos simplemente aparecerán cuando los invoques (los ángeles, por ejemplo), pero otros son un poco más esquivos (sí, las hadas, es decir, TÚ). En este capítulo, me complace presentarte algunos seres con los que me encanta trabajar en mi casa, y darte algunas ideas sobre cómo tú puedes trabajar con ellos también.

Un consejo sobre los altares

No es probable que quieras montar un altar para cada deidad o grupo de deidades con los que trabajas en tu casa. De hecho, puede que nunca sientas la necesidad de montar un altar. Sin embargo, tal vez quieras hacerlo en alguna ocasión, ya que montar un altar y cuidar de él es un acto mágico muy poderoso y eficaz.

Montar un altar

Un altar es una reunión ingeniosa de objetos sagrados elegidos con determinación. Puede estar en un estante, una mesa, un escritorio o cualquier otra superficie. Puedes crear un altar para un propósito o una intención concretos, como manifestar riqueza o potenciar tu matrimonio, o puedes crear un altar para invocar a una deidad, un ser o un grupo de seres concretos. En cualquier caso, te aconsejo que incluyas una imagen o una figurilla de un ser o de varios seres mágicos como centro de atención, para que el altar cobre vida y consigas el apoyo del ser o de los seres y/o lo(s) atraiga(s) a tu espacio. Suele estar bien poner una tela o un pañuelo a modo de base (mantel) de tu altar. A mí me gusta añadir una o varias velas para que el altar cobre vida, e incienso o aceites esenciales en un quemador de esencias como ofrenda fragante al ser o los seres a quien(es) está dedicado el altar.

Entre los demás objetos que tal vez quieras colocar en tu altar figuran cristales, flores, fruta, afirmaciones, plegarias, plantas, hierbas secas o cualquier otro objeto que sea indicativo de tu objetivo o de la deidad o las deidades. Si eliges poner fruta o hierbas en el altar, plantéate ofrecerlas a quien(es) esté dedicado el altar, y no las consumas. Cuando llegue el momento de deshacerte de ellas, colócalas en un montón de compostaje, entiérralas o déjalas en la base de un árbol; si ninguna de estas cosas es posible, tíralas por lo menos en el contenedor de residuos orgánicos para que puedan regresar a la tierra.

Cuida de tu altar regularmente para mantener viva su magia. Quítale el polvo, sustituye las velas, añade nuevos objetos y reordénalo según creas conveniente. También puedes dar fuerza a su magia con plegarias, visualizaciones y/o el refuerzo de los tres secretos.

. . . .

Una invocación general a los espíritus buenos

Tras limpiar la energía de tu hogar (véase capítulo 3), siempre es agradable invitar a espíritus dulces y serviciales a tu espacio. Este ritual te ayudará exactamente a hacer eso. Como tiene que ver con invitar a espíritus del más allá (espíritus guía, seres queridos fallecidos serviciales, etc.), es mejor hacer este ritual de noche. Para empezar, consigue hierba del bisonte trenzada (una forma de sahumerio o de manojo de hierba seca que se quema como el incienso) o una varilla de incienso de copal o de hierba del bisonte. Enciende una vela de color blanco o hueso y junta las manos cerca de tu corazón en posición de plegaria. Cierra los ojos y respira hondo varias veces mientras te relajas conscientemente y sintonizas con el sutil reino energético y lo que es conocido como el otro mundo. Cuando estás preparada, enciende la hierba trenzada o el incienso y di:

> *Dulces espíritus del otro mundo, yo os invoco. Seres de luz*
> *divinos, yo os invito. Aquí sois bienvenidos.*
> *Residid, morad, habitad, y bendecidnos/me con vuestra*
> *presencia en nuestro (mi) hogar.*

Lleva el sahumerio de una habitación a otra, teniendo cuidado con el posible riesgo de incendio mientras sigues invocando a los espíritus dulces mentalmente o en voz alta. Cuando hayas terminado, da las gracias a los seres que has invocado por responder a tu llamada y apaga la hierba trenzada o el incienso, así como la vela. Verás que, después de hacer esto, tu casa está llena de una considerable dulzura, luz, comodidad y alegría.

Ángeles

Los ángeles están presentes en grandes cantidades y realmente *adoran* ayudarnos. Su energía es muy alta, clara, brillante y nada crítica. Ayudan poderosamente en *todo*, especialmente en la seguridad, los viajes, la sincronicidad, los milagros, la curación, la protección y la orientación. Invitar a los ángeles a tu espacio es siempre buena idea. Para hacerlo, basta con que digas (mentalmente o en voz alta) algo como: «¡Ángeles, yo os invoco! Por favor, llenad este hogar de vuestra luz brillante y vuestro amor». También puedes pedirles ayuda para cosas más concretas.

Todos los días, después de despejar el espacio en mi casa con una rápida visualización (véase capítulo 3), pido a los ángeles que la rodeen, dirijan energía positiva hacia el interior y retengan una vibración muy alta en el espacio. Después, pido a más ángeles que rodeen a esos ángeles, mirando hacia fuera para proteger mi hogar y devolver toda la negatividad al lugar de donde proceda. Entonces, lo visualizo. Esto siempre me hace sentir totalmente segura y relajada y tener la certeza de que mi hogar está fuertemente protegido. Yo lo llamo mi ritual sencillo de protección angelical, y lo explicaré con más detalle en el capítulo 11.

Las representaciones artísticas de ángeles aportan su energía a tu hogar y contribuyen a retenerla en él. Cuando coloques la figurilla o cuelgues el cuadro, haz el refuerzo de los tres secretos para invitar a los ángeles a tu espacio. Un lugar especialmente bueno para las imágenes y/o figurillas de ángeles es tu área de la sincronicidad y los milagros, puesto que la energía de esta área está totalmente alineada con la ayuda y la orientación de los ángeles.

Además de una o más imágenes y/o figurillas de ángeles, entre los objetos que podrías elegir para un altar dedicado a los ángeles figuran:

- Color blanco, dorado, plateado y azul cielo (para la tela y las velas)

- Cristales de angelita, aqua aura y apofilita

- Plata y oro propiamente dichos

- Plumas blancas caídas naturalmente

- Incienso o aceite de rosa, olíbano o lavanda

- Flores frescas, especialmente lavanda, rosas y camelias

Arcángel Miguel

Los arcángeles son las superestrellas de la jerarquía angelical, y Miguel es el arcángel de los arcángeles. Posee una poderosa energía limpiadora, brillante y fogosa. Su espada de luz elimina la pesadez, la oscuridad y la negatividad incinerándolas rápidamente y transmutándolas así en energía positiva. Personalmente, yo trabajo con el Arcángel Miguel más que con ninguna otra deidad, ya que es de los que «consiguen que se hagan las cosas», y, con su rápida habilidad de limpiar la negatividad y crear el ambiente más positivo posible, es un hombre (o ángel, para ser más exactos) con el que me identifico.

Me gusta mucho realizar esta plegaria/visualización (inspirada en la obra de Doreen Virtue; véase bibliografía) para solicitar la ayuda de Miguel para limpiar la energía de mi hogar:

Siéntate cómodamente y cierra los ojos. Pide al Arcángel
Miguel que llene fuertemente toda tu casa de una luz blanca
muy brillante. Imagínalo haciéndolo, e imagina que la luz
blanca le fluye de las manos y crea una gigantesca burbuja de
luz que envuelve por completo tu casa y se extiende más allá
de sus paredes, por encima del tejado y por debajo de la tierra
como un gigantesco campo energético. Después, pide a Miguel
que elimine cualquier punto oscuro o negativo que permanezca
dentro del campo energético e imagina o siente que lo hace.
Tal vez quieras imaginar que posee una gigantesca
y reluciente aspiradora que aspira rápidamente esta energía.
Termina pidiendo a los ángeles que rodeen tu casa y retengan
esta energía positiva en él.

Además de una o más imágenes/figurillas de Miguel, entre los objetos que podrías elegir para un altar dedicado al Arcángel Miguel figuran:

- Color azul real o añil (para la tela y las velas)
- Una o más velas son obligatorias, puesto que la energía de Miguel es tan fogosa
- Incienso o aceite de cedro, canela y olíbano

Buda

Buda, en su forma de serena meditación, crea un espacio sagrado y confiere una sensación de profunda calma y claridad.

Colocar un buda meditando de piedra cerca del exterior de tu puerta principal purifica la energía que entra en tu hogar. En este emplazamiento, el buda favorece también que todos quienes entran dejen sus factores de estrés y sus preocupaciones terrenales en la puerta.

En tu área de la serenidad y la autoestima, la figurilla de un buda meditando te ayuda a estar conectada con la tierra, centrada y tranquilamente vigorizada en tus actividades diarias, lo que beneficia enormemente todas las áreas de la vida.

Buda prefiere la simplicidad. Un buen altar dedicado a Buda incluiría una imagen o una figurilla de él y otro objeto, como un cristal o un incensario.

Los amantes divinos (Krishna/Radha)

Soy una fanática del romance. Creo que todo el mundo puede beneficiarse de la energía romántica, incluso aquellos que no se sienten preparados o dispuestos a manifestar una relación. Krishna y Radha representan la interacción de las energías masculina y femenina en todas las cosas, y el equilibrio armonioso, el éxito fulgurante y la creatividad pura que resultan de esta unión.

Para vivir la danza de la vida al máximo es importante encontrar el equilibrio entre las energías masculina y femenina de tu vida. (Esto es cierto con independencia de tus preferencias sexuales.) Tienes que ser capaz de equilibrar los extremos: recibir/dar, ceder / mantenerte firme y descansar/actuar. Esto también es necesario para manifestar y experimentar una relación amorosa armoniosa y apasionada. Krishna y Radha pueden ayudarte en ello; es su especialidad.

Las imágenes y las figurillas de, o los altares dedicados a, Krishna y Radha son excelentes en el dormitorio y en el área del amor y el matrimonio para ayudar a crear o manifestar una relación amorosa ideal. En el área de la serenidad y la autoestima, ayudan a trabajar a nivel interior para equilibrar las energías masculina y femenina de tu interior. En el área de la sincronicidad y los milagros, te ayudan a estar en el lugar adecuado en el momento oportuno para conocer a tu amado. En el área de la gratitud y la prosperidad, os ayudan a ti y a tu pareja a sanar y armonizar cualquier asunto económico que se haya interpuesto entre ambos, y también os ayudan a manifestar abundancia de la mejor forma posible. (¡También podrían ayudarte a atraer a una pareja acaudalada!)

Además de una imagen o figurilla que represente a Krishna y Radha, entre los objetos que podrías elegir para un altar dedicado a ellos figuran:

- Incienso Nag Champa e incienso del templo

- Aceite o incienso de rosa y jazmín

- Color rosa y rojo para las velas y la tela

- Toques de color naranja, azul y amarillo para las velas y la tela (siempre y cuando se añadan al rosa y/o rojo)

- Rosas

- Jazmín

- Margaritas

- Corazones de cuarzo rosado

- Una flauta

- Una fotografía tuya y de tu actual pareja

· ·

El amuleto del pomo de Krishna y Radha para un romance apasionado

Si estás preparada para estimular mucho tu vida amorosa, te aconsejo que pidas ayuda a Krishna y a Radha para crear este poderoso amuleto.

INGREDIENTES:
Fieltro o algodón (algo que no se deshilache) fucsia o rosa fuerte
Encaje rojo
Damiana (una hierba) seca
Pétalos de rosa roja secos
Una pequeña imagen de Krishna y Radha (una impresión
    obtenida de Internet está bien)
Aguja e hilo
Aceite esencial de ylang ylang
Una vela roja

Reúne los ingredientes en cualquier momento entre la mañana del primer día en que la luna esté en cuarto creciente y las doce de la noche en que haya luna llena, y enciende la vela. Corta dos corazones de tela más o menos del tamaño de tu mano. Cóselos para formar un cojincito y deja una abertura en la parte superior o el costado. Rellénalo ligeramente con la damiana y los pétalos de rosa. Introduce también la imagen de Krishna y Radha. Cose la abertura y cose los extremos del encaje de tal modo que puedas colgar el amuleto del pomo de la puerta de tu dormitorio. (Si eres mañosa, también puedes decorar de otras formas el amuleto con encaje, como un objeto anticuado de san Valentín.) Pon una pizca de ylang ylang en el amuleto y sostenlo entre tus manos. Cierra los ojos y recita una sencilla invocación y plegaria a Krishna y Radha, como:

> *Krishna y Radha, yo os invoco. Ahora quiero atraer*
> *un romance apasionado a mi vida, y pedir vuestra ayuda*
> *divina en este asunto. Gracias.*

Cuelga el amuleto en el pomo exterior de la puerta de tu dormitorio. Úngelo periódicamente con un poco de aceite de ylang ylang para conservar fresca la fragancia. Y prepárate: tu vida amorosa estará muy estimulada.

Hadas

Es muy divertido vivir con hadas. Su energía es terrenal, fantasiosa, traviesa, audaz y alegre. Pueden ayudarte a conectarte con un espíritu lúdico y de diversión y ayudar a tu niño interior y a tu hijo o hijos a sentirse felices y amados. También pueden ayudar a curar y proteger a tus animales de compañía.

Hay muchas formas de atraer a las hadas a tu casa y jardín, pero las hadas son caprichosas y ponen antes algunas condiciones. Norma número uno: no uses pesticidas químicos en tu casa o tu jardín si quieres atraer a las hadas. En su lugar, plantéate usar en tu casa aceites esenciales como la citronela y la lavanda, y en cuanto a tu jardín, plantéate introducir en él mariquitas vivas o consultar un libro o un web de cultivo sostenible para ver qué animalito o qué planta podrías introducir en tu jardín para equilibrar la población indeseada de bichos. También es menos probable que las hadas se acerquen si no estás haciendo todo lo posible por proteger y curar el medio ambiente y los animales, ya que son las guardianas y las manifestaciones divinas del mundo natural.

Tener representaciones artísticas de hadas en tu casa y/o jardín te ayudará a invocarlas, especialmente si pones la figurilla o la imagen con la intención de atraerlas. Dentro de tu casa, el área de la creatividad y el espíritu lúdico es un lugar especialmente bueno para ello. Y recuerda reforzar tu intención de invitar a las hadas reforzando el poder de tu figurilla o la imagen con los tres secretos.

A las hadas les gusta la fragancia a jazmín. Quemar aceite de jazmín en un quemador es una buena forma de atraerlas. También les gusta el incienso de canela.

Como seres de la naturaleza, a las hadas les gustan todas las plantas, pero hay algunas que les encanta rondar, como la prímula, el jazmín, cualquier flor con aspecto de campanilla, la lavanda, el romero, la salvia y toda clase de flores frutales. Para atraer a las hadas al interior de tu casa, debes tener en ella plantas con maceta.

A las hadas les gustan las cosas brillantes y centelleantes y las cosas que se mueven, como los móviles colgantes, las banderas y los móviles de campanillas. También les gusta que les dejes pepitas de chocolate amargo, dedales o mitades de cáscara de nuez llenos de cerveza, champán o sidra espumosa a modo de ofrenda. Cualquiera de estas cosas tentará a las hadas a vivir contigo. (*Nota:* tanto si tus regalos consumibles desaparecen como si perduran, ten la certeza de que las hadas, si han elegido honrarte con su presencia, han tomado debida nota de los regalos y de quién los ha hecho. Si los regalos permanecen en el plano físico, es muy posible que las hadas hayan ingerido la esencia energética del regalo. Dicho de otro modo, que no te importe poner los regalos en el montón de compostaje antes de que empiecen a enmohecerse.)

Puede que no veas las hadas con los ojos, pero, si eres sensible, notarás su presencia. Es probable que tengas sensaciones de mareo, audacia, travesura y una clase indescriptible de agradable asombro ante el misterio de la existencia. Los colores podrían parecerte también más intensos, y el movimiento de la luz del sol entre los árboles, parecerte más centelleante o luminoso.

Además de una o más imágenes/figurillas de hadas, entre los objetos que podrías elegir para un altar dedicado a las hadas figuran:

- Campanas

- Cosas brillantes y centelleantes

- Incienso o aceite de jazmín y canela

- Flores frescas

- Elementos de la naturaleza como piñas piñoneras, bellotas y plumas

- Dulces

- Fruta

- Cristales de aqua aura o apofilita

. . . .

Invitación a las hadas en primavera

La primavera es una época especialmente buena para invitar a las hadas a vivir en tu casa o tu jardín. Es un momento en que se muestran especialmente alegres y audaces, y les apetece más dar a conocer su presencia a los humanos. O tal vez sea que en primavera a los humanos nos apetece más estar en contacto con las hadas. Sea como sea, parece que la primavera es una época en que las nieblas entre los mundos de los humanos y de las hadas son más ligeras y más fáciles de penetrar. Así que, si es primavera y notas que has sucumbido a la fiebre de las hadas, a continuación encontrarás una forma de atraer la presencia inspiradora y chispeante de las hadas a tu jardín, tu casa y tu vida.

INGREDIENTES:

Eneldo seco

8 mitades de cáscara de nuez

1 botella de una buena cerveza o sidra espumosa

Un agrupamiento de cuarzo blanco

A las hadas les encanta bailar juntas en círculo a la luz de la luna llena. Por la noche, cuando haya luna llena, traza con eneldo el contorno de un círculo pequeño (algo mayor que un plato llano) en tu patio o tu terraza. En el centro del círculo, coloca el cristal. Alrededor de la parte exterior de círculo, dispón las mitades de cáscara de nuez y llénalas de cerveza o sidra. Has montado así un lugar ideal para que las hadas celebren una fiesta. Invita mentalmente o en voz alta a las hadas. Di algo como: «¡Hadas, os invito a bailar en mi patio y a quedaros un tiempo!» Pero ten cuidado: *no* digas gracias en ningún momento al dirigirte a las hadas, ya que, según dicen, a las hadas no les entusiasma demasiado que les den las gracias. Todos los elementos usados para esta invitación son naturales, por lo que te sugiero que los dejes en tu patio como regalo para las hadas. Tras tu invitación, cuando estés en el patio, usa la intuición para ver si notas la presencia de las hadas. Tal vez quieras repetir esto varias veces, o esperar un poco y repetirlo. Las hadas son un poco caprichosas y, por alguna que otra razón, tal vez no se presenten la primera vez que las invitan. Pero, si deseas de todo corazón su compañía, insiste, y finalmente aceptarán. Una vez establezcas una relación con las hadas puedes pedirles ayuda para varias cosas, como el romance, la felicidad, la abundancia y la suerte. Simplemente, asegúrate de ofrecerles algo por sus molestias, como chocolate, cerveza o cristales. Las hadas son aliados maravillosos, pero no les gusta demasiado hacer cosas a cambio de nada.

Ganesh

Ganesh es la querida deidad con cabeza de elefante de la tradición hindú. Es un dios tan querido porque elimina rápida y eficazmente los obstáculos. Puede despejar el camino energético y eliminar barrera o bloqueo para que tengas la mayor posibilidad de éxito en todas y cada una de las áreas e iniciativas. Cuando lo invoques, sentirás llegar su energía como si fuera un martillo de demolición que te ayuda a derribar lo que se interpone entre ti y tu situación ideal en la vida. (Lo que, por cierto, puede ser muy útil para eliminar el desorden, dado que el desorden es la manifestación física de cualquier forma de obstáculo.)

Si cualquier área de tu vida parece estancada, coloca una figurilla de Ganesh en tu área de la sincronicidad y los milagros, y realiza el refuerzo de los tres secretos con la intención de sustituir tu experiencia de «estancamiento» por un éxito total. Esta cura puede ayudar a eliminar eficazmente los bloqueos creativos, financieros, profesionales, físicos, emocionales o en las relaciones, y hacerte avanzar en la dirección adecuada.

Según mi experiencia, el altar más adecuado para la energía eficiente de Ganesh es uno sencillo compuesto de tres elementos: una figurilla de Ganesh, una vela y un incensario. Los tipos de incienso que iría especialmente bien quemar para Ganesh serían Nag Champa, salvia, copal canela y olíbano.

Tara Verde, la diosa de la rápida compasión

Tara Verde es una diosa madre compasiva, verde, normalmente con los pechos desnudos de la tradición tibetana, y puede ayudar rápidamente a superar el miedo y la inercia, lo que, para empezar, puede facilitar y hacer más placentero el despeje del desorden. También puede ayudar con las renovaciones, las reparaciones, la limpieza y otros proyectos. En resumen, si cualquier aspecto de tu casa o de tu vida te desborda, Tara vendrá enseguida a rescatarte. Las figurillas o las imágenes de Tara irían bien en las áreas de la sincronicidad y los milagros, el esplendor y la reputación, o la serenidad y la autoestima. Es otra deidad para la que es aconsejable un altar sencillo, con una figurilla o una imagen, incienso y tal vez una o dos velas verdes, por ejemplo.

Hestia

Hestia, la diosa griega del hogar, aporta calidez, seguridad y armonía a tu casa. El hogar, entendido como chimenea, de una casa es como el corazón de una persona. Si en tu hogar impera la frialdad o la discordia, o si, de algún modo, jamás te has sentido realmente en casa en él, Hestia puede ayudarte abriendo y conmoviendo el corazón de tu hogar. También puede ayudarte a curar las disputas de tu casa y conferirle una profunda sensación de armonía y bienestar general. Para atraer a Hestia a tu hogar, prueba el siguiente ritual.

· ·

Ritual de invocación a Hestia para conmover el corazón de la casa
Empieza por designar el corazón de tu hogar. Probablemente sea la chimenea o la cocina. También podría ser un área tipo chimenea, como una repisa que recuerde una chimenea u otro lugar central o usado a menudo que te evoque sentimientos parecidos a los de una chimenea si le pones, por ejemplo, la imagen enmarcada de una chimenea, o una de esas lámparas con tela que imitan un fuego ardiendo. Tu intuición debería guiarte, pero, si no puedes decidirte entre varias áreas, plantéate elegir la más cercana al centro de tu casa. También podrías decantarte por aquella en la que suelen reunirse más los miembros de la casa.

Una vez hayas designado el corazón de tu casa, pon en él o cerca de él una vela grande (tal vez con múltiples mechas) de color naranja o naranja rojizo (a poder ser de cera de soja o vegetal). Junto a la vela, sitúa una varilla de incienso de canela. Enciende ambas cosas y recita esta invocación:

¡Hestia, yo te invoco! Por favor, cura, abre
y conmueve el corazón de esta casa y haz que cobre vida.
Por favor, llena de felicidad y armonía este espacio, nuestros
corazones y los miembros de esta casa. Por favor, sustenta
nuestros espíritus con una abundancia de todas las cosas
maravillosas. Gracias, gracias, gracias. Bendita seas. Y así es.

Deja quemar la vela una hora por lo menos. Puedes dejar que queme por completo o apagarla y volver a encenderla en futuras ocasiones según te vaya bien y desees. (O tal vez quieras cambiar la vela una vez se apague para mantener fresca la magia.) Deja que el incienso queme hasta que se apague solo y enciende varillas adicionales si así lo deseas.

Kali, la diosa de la destrucción

Invocar a Kali es como sacar la artillería pesada. Es la diosa oscura de la tradición hindú, capaz de destruir y aniquilar completamente, como un huracán o un incendio arrasador. Si necesitas ayuda para dejar atrás lo viejo o necesitas una purificación y una liberación excepcionalmente potentes, Kali es la diosa que necesitas. Kali podría resultarte especialmente útil en situaciones en las que llevas cierto tiempo sintiéndote impotente y estás dispuesta a recuperar tu poder desprendiéndote de viejas relaciones, costumbres y/o pautas de pensamiento.

Yo solicité la ayuda de Kali con gran éxito hace unos años, cuando estaba pasando un momento particularmente difícil. No sé si te habrá pasado alguna vez, pero era como si mi mente (ego) no pudiera callar, y lo único que hacía era criticarme de un millón de formas distintas. «Eres patética», me decía. «Tu nuevo corte de pelo es horroroso. Tendrías que haber prosperado más a estas alturas, ¿no? ¿Qué has dicho? Menuda estupidez...», y así todo el rato. ¡Y era una trampa! Intentaba parar y me decía: «Sí, tendrías que tener pensamientos más positivos, ¿no? ¿Qué problema tienes? Llevas siglos leyendo libros de autoayuda, ¿no tendrías que dominar ya el arte del pensamiento positivo?» Era incesante. Daba igual lo que intentara, volvía a caer en la trampa. ¡Y seguí así hasta que descubrí lo mucho que Kali podía ayudar en situaciones como ésta! Cuando notaba que mis pensamientos empezaban a descontrolarse de negatividad, invocaba mentalmente a Kali diciendo: «¡Kali! ¡Ayuda!» Y ya lo creo que paraba en seco mis pautas de pensamiento negativo. Notaba su energía liberadora como una ráfaga de poder en mi cuerpo, y mentalmente sentía que, simplemente, podía salir de mi espiral descendente y liberarme. Me costó algo de tiempo abandonar totalmente la costumbre del pensamiento negativo, ya que mi mente seguía volviendo a las andadas, pero, cada vez que invocaba a Kali y salía del ciclo, me resultaba más y más fácil, hasta que, finalmente abandoné la costumbre.

Kali también ayuda a despejar el desorden, renovar, mover y despejar el espacio. No te aconsejo tener permanentemente imágenes o figurillas de Kali en tu casa (a no ser que sea tu protectora o que necesites ayuda considerable y duradera para purificar, erradicar el ego y/o dejar atrás cosas), pero sí te sugiero que la invoques en momentos de intensa transición, cuando te estás desprendiendo de lo viejo y dejando espacio a lo nuevo. Buenos lugares para ella serían las áreas de la sincronicidad y los milagros, el esplendor y la reputación, y la serenidad y la autoestima. No es necesario montar un altar a Kali, ya que no le gustan en absoluto los elementos adicionales. Bastará con su imagen y una invocación muy sencilla. Si quieres pedir ayuda a Kali para algo concreto, podrías probar la siguiente invocación:

· ·

Invocación a kali para la purificación

Pon una figurilla o una imagen de Kali en tu espacio. Elige una imagen que te parezca poderosa y atractiva, aunque te resulte un poquito aterradora. (Como tiene una personalidad tan fuerte, es natural que pueda intimidar un poco. Pero ten la seguridad de que, cuando la invoques, será tu leal aliada, y que sólo dirigirá su energía destructiva a aquello que ya no te sirva.)

Sitúate delante de la imagen, cierra los ojos y pon las manos en posición de plegaria. Concéntrate en la situación, pauta de pensamiento, costumbre o desorden físico que te gustaría purificar o del que te gustaría desprenderte. Abre los ojos y haz el mudra de la expulsión (véase página 70) cuarenta veces. Después, pon de nuevo las manos en posición de plegaria y contempla la imagen mientras dices:

Kali, yo te invoco. Por favor, destruye, disipa y aniquila por completo todas las condiciones y creencias que ya no me sirven, de modo que pueda dejar espacio a lo nuevo. Gracias.

Lakshmi

Lakshmi es la hermosa diosa hindú de la abundancia. Es la experta divina en manifestar lujo y riqueza. Nos ayuda a experimentar la prosperidad enseñándonos que somos infinitamente merecedores del interminable aporte de dinero y de recursos del que siempre disponemos.

Tener una imagen o una figurilla de Lakshmi en tu área de la gratitud y la prosperidad es una forma maravillosa de experimentar su presencia y atraer una mayor abundancia a tu vida. Refuérzala con los tres secretos cuando la coloques, y también periódicamente durante la luna creciente o la luna llena.

También puedes poner una imagen o una figurilla de Lakshmi en tu área de la serenidad y la autoestima si crees que no mereces, o te hace sentir culpable, experimentar la riqueza y el lujo.

Además de una imagen o figurilla que represente a Lakshmi, entre los objetos que podrías elegir para un altar dedicado a ella figuran:

- Pétalos de rosa y rosas rojas, rosas y amarillas

- Color rojo, rosa, azul y amarillo para las velas y la tela

- Objetos de color dorado metálico o de oro propiamente dicho

- Una fuente pequeña

- Una imagen o una figurilla de uno o dos elefantes

- Un plato o un bol con dinero en monedas y/o billetes

- Incienso Nag Champa

- Incienso o aceite de jazmín

Nemetona

Nemetona es la diosa celta de los bosques sagrados. Tiene una presencia muy profunda y mística que favorece la reverencia y la devoción. Es excelente para ayudarte a atraer vibraciones muy espirituales a tu espacio. A mí me gusta solicitar su ayuda para despejar el espacio y establecer el tono de mi zona de meditación. Le gusta especialmente el aire libre, por lo que también puedes pedirle ayuda para bendecir y consagrar tus áreas al aire libre.

Las imágenes y las figurillas de Nemetona no son frecuentes, de modo que si tienes intención de montar un altar a Nemetona, o de poner su imagen en tu espacio, enciende una vela y reza una plegaria a ella, pidiéndole que te muestre la imagen perfecta para representarla e invocar su energía. Confía la situación a Dios / la Diosa / Todo Lo Que Es, y sigue las corazonadas que puedas tener. Se la suele imaginar como una belleza morena con un manto, de pie junto a una arboleda de noche.

Además de una imagen o figurilla que represente a Nemetona, entre los objetos que podrías elegir para un altar dedicado a ella figuran:

- Color azul intenso, negro, verde bosque, crema y blanco (para las velas y la tela)

- Un sahumerio de salvia sin encender

- Hojas

- Obsidianas, cuarzo blanco y ágata musgosa

- Incienso de cedro

- Incienso Nag Champa

Lo mejor es invocar a Nemetona tras el ocaso. Para crear un espacio sagrado y atraer una profunda reverencia y una devoción espiritual a tu casa, te sugiero intentar la siguiente invocación:

• •

Invocación del roble sagrado a Nemetona
Durante la luna llena, enciende una vela azul. Pon las manos en posición de plegaria y di:

> *¡Nemetona, yo te invoco! Te invito a morar en esta casa.*
> *Por favor, protégela de todas las formas. Por favor, conserva*
> *su profundo misterio y su magia, y llénala de vibraciones*
> *de reverencia y respeto. Gracias, gracias, gracias.*
> *Bendita seas. Y así es.*

Nota ahora su presencia y su energía en el espacio. Podrías verla llevando su energía como una centelleante luz de las estrellas que desciende del cielo nocturno y una luz blanca y dorada que se eleva de la tierra, arremolinándose juntas de un modo hermoso y recorriendo grácilmente el espacio. Una vez esta luz llene todo el espacio, pide a Nemetona que lo afiance en él con un enorme roble hecho de luz blanca. Visualiza el tronco de este árbol inmenso, tan grande que contiene y abarca toda tu casa y el área que la rodea directamente. Ve después cómo las raíces de este árbol penetran profundamente en la tierra y cómo sus ramas se extienden hacia el cielo.

San Francisco de Asís

San Francisco es un santo dulce, tranquilo y cariñoso. Su presencia en tu hogar puede ayudarte a simplificar tu vida y crear vibraciones de serenidad, sabiduría tranquila y conexión con la naturaleza y Todo Lo Que Es. A mí también me gusta pedirle ayuda con una sencilla plegaria para que proteja y cuide a mis queridísimos gatos.

Una forma de alinearte con la energía de san Francisco sería colocar una imagen o una figurilla de él en tu casa. Un lugar especialmente bueno para ello sería tu área de la serenidad y la autoestima. Podrías entonces hacer el refuerzo de los tres secretos para invocarlo y/o solicitar su ayuda para un tema concreto, como crear simplicidad y serenidad o proteger a tus animales de compañía. Si lo invocas concretamente para velar por tus animales, otros buenos sitios para él serían el área de la sincronicidad y los milagros o el área de la creatividad y el espíritu lúdico.

Además de una o más imágenes de san Francisco, entre los objetos que podrías elegir para un altar dedicado a él figuran:

- Frutos secos enteros con cáscara como castañas y nueces

- Hojas de árboles, piñas piñoneras y bellotas

- Un bol o plato con avena alta y/o milenrama seca

- Un simple rosario católico de madera

- Una cruz de madera

- Color blanco, canela y marrón (para la tela y las velas)

- Una imagen o imágenes de tu(s) animal(es) de compañía

- Plumas, bigotes, uñas o dientes de leche caídos naturalmente de tu animal de compañía o de otro animal

- Plantas vivas

- Incienso o aceite de enebro, cedro y hierba del bisonte

....

Invocación a san Francisco para la protección de los animales de compañía

Pon una vela de color blanco o hueso junto a una figurilla o imagen de san Francisco y enciéndela. Siéntate o ponte de pie con la espalda erguida, pon las manos en posición de plegaria y relájate. Ahora, pide su ayuda dulce pero poderosa para proteger a tu(s) querido(s) animal(es) de compañía diciendo:

> *San Francisco, pido tu ayuda para proteger a mi(s) querido(s) animal(es) de compañía, _____. Por favor, vela por él (ella/ellos) en todo momento, y mantenlo(s) a salvo. Por favor acompáñalo(s) cuando yo no esté. Por favor, nútrelo(s), levántale(s) el ánimo e infunde alegría a su corazón. Por favor, tráelo(s) siempre a salvo a casa conmigo. Gracias, gracias, gracias. Bendito seas. Y así es.*

Cuando hayas terminado la invocación, para expresar tu gratitud a san Francisco por proteger a tu(s) animal(es) de compañía, decide y comprométete a llevar a cabo un pequeño (o gran) acto de cambio de estilo de vida que beneficie a los animales. Podría tratarse de donar algo de dinero a un refugio de animales, comprar una pila para pájaros, seguir una dieta vegetariana una vez a la semana o cualquier otra cosa que creas conveniente y estés dispuesta a hacer.

8

Aliados vegetales

Dentro y fuera de casa, las plantas son seres mágicos. Además de limpiar el aire, curar cantidad de males físicos y emocionales y verse hermosas, también mueven la energía de modo saludable, atraen a las hadas y a los espíritus de la naturaleza y aportan sus personalidades mágicas únicas al espacio y a tu vida. Cultivar relaciones con plantas es también una forma eficaz de entrar en contacto con los reinos más sutiles de la información y la comunicación, y puede activar tus habilidades intuitivas innatas abriendo tu tercer ojo, el centro de energía situado justo por encima de tus cejas.

En este capítulo, comento algunos de mis aliados vegetales favoritos y ofrezco algunas ideas sobre cómo trabajar con ellos en y alrededor de tu espacio. La lista no es, de ninguna forma, exhaustiva, pero mi intención es que las descripciones te inspiren a aprender a reconocer las propiedades mágicas de todas las plantas y a cultivar relaciones con ellas a un profundo nivel energético.

Estar en alineamiento intuitivo con las personalidades y las necesidades únicas de las plantas te ayudará a cuidar eficazmente de ellas incluso si crees que «no se te dan bien las plantas». Por ejemplo, en lugar de regarlas a intervalos fijos, como exactamente una vez a la semana o una vez al día, podrías intentar relajar tu mente y pedir en silencio a la planta si está preparada para recibir algo de agua. Si la respuesta es afirmativa, trata de dejar de regar cuando oigas intuitivamente que la planta te dice basta. Además, he observado que a las plantas no les gusta que las mimen, y, si te preocupas demasiado por ellas o las cuidas en exceso, tienden a sufrir.

Dicho esto, puedes (como yo) tener algunos problemas con tus plantas. Aunque tengas la impresión de estar haciéndolo todo bien, una flor o una planta de interior podrían sufrir misteriosamente. Si esto ocurre, y no quieres deshacerte todavía de la planta, haz todo lo que puedas durante un mes para resucitar la planta. Si, pasado ese tiempo, no percibes haber hecho ningún progreso, y si no conoces a alguien a quien le gustaría adoptar la planta y tratar de reanimarla, devuelve la planta a la tierra, poniéndola en el montón de compostaje o el contenedor de residuos orgánicos. Sé que puede parecer duro y cruel, y no te mentiré, se me parte el corazón al pensar en ello. Pero, por desgracia, es necesario, porque tener una planta sufriendo permanentemente es mucho peor que no tenerla en absoluto. En primer lugar, esto se debe a que la planta no es feliz y no le gusta vivir así. Pero también es una representación de lucha y sufrimiento en el cuerpo energético de tu hogar, lo que, naturalmente, refleja tu propio cuerpo y vida personal.

Y, como mi madre dice siempre, te llevas bien con unas plantas y no con otras, igual que con las personas. Esto significa que, con intuición y a base de probar, puedes averiguar qué plantas prosperan bajo tus cuidados y qué plantas no. Las que prosperan son tus aliadas. Por ejemplo, en mi caso, la planta de jade es mi aliada y las rosas miniatura, no. Me gustan y admiro las rosas miniatura de otras personas, pero sé que mi energía tiene algo que no les permite prosperar bajo mis cuidados.

En mis descripciones de las plantas, me refiero a ellas usando el género masculino o femenino. Lo hago así porque las plantas son organismos vivos con personalidades únicas, por lo que hablar de una planta usando el género neutro no me parece adecuado.[4]

Cuando leas estas descripciones, ten presente que estoy exponiendo mis relaciones y experiencias personales con las plantas, y que puede que las tuyas sean bastante distintas. Te recomiendo que pienses en cada descripción como en un punto de partida para tu propia relación, como si te estuviera presentando la planta en una fiesta.

Aloe

Es un avatar botánico, ya que es una manifestación física del amor puro e incondicional. Normalmente no recomiendo vivir con plantas con hojas lineales, ya que, por lo general, no son demasiado amistosas, pero el aloe es una notable excepción. Es una sanadora experta, capaz de acelerar la curación tanto de las heridas físicas como de las emocionales. Después de plantarla, sintoniza con su energía y conversa con ella para pedirle que te ayude en cualquier aspecto de la sanación o la apertura del corazón. Puedes plantarla en cualquier parte, pero el rincón delantero izquierdo de tu patio delantero (al mirar la casa desde la acera o la calle) será especialmente útil para la sanación y para una mayor apertura del corazón, y el rincón posterior derecho de tu patio trasero te ayudará en la sanación y en asuntos amorosos que tengan que ver con el romance, como un corazón roto o un trauma emocional. Como su energía es muy cariñosa y abierta, mantiene alejada la negatividad. Además, como tal vez ya sepas, puedes partir un trozo de aloe y usar el gel de su interior a modo de un insuperable bálsamo curativo para quemaduras y, a veces, para cortes (aunque no sustituye a un antibiótico). Y, si tú o alguien de tu familia necesitara un poco de apoyo adicional con la curación, puedes pedir la ayuda del aloe con el ritual de sanación del aloe que encontrarás a continuación.

---

4. Normalmente, en inglés se usa el género neutro para hablar de las plantas. *(N. del T.)*

El aloe crece mejor en el exterior o en una maceta cerca de una ventana, a pleno sol o en zonas de sombra parcial. Además, el aloe no quiere demasiados mimos, y apenas le gusta que lo rieguen. Le gusta más dar que recibir.

. . . .

Ritual de sanación del aloe

Este ritual solicitará la ayuda de un aloe para apoyarte a ti (o a otro miembro de tu casa) en el proceso de curación. Sirve tanto para curar padecimientos físicos como emocionales.

INGREDIENTES:

1 aloe, en una maceta en el interior o en una maceta, jardinera o jardín en el exterior

1 cuarzo rosado (asegúrate de limpiarlo; véase capítulo 6)

Siéntate delante del aloe y sostén el cuarzo rosado en tus manos. Respira hondo varias veces y relájate. Empieza a sintonizar con la energía del aloe. Cuando te sientas preparada, mantén mentalmente o en voz alta una conversación con el aloe. Dile de qué te estás curando, y pídele ayuda en tu proceso de curación. Carga el cuarzo rosado con tu intención de sanar. Entierra después el cuarzo rosado cerca de la base del aloe a modo de ofrenda. Da las gracias al aloe por su ayuda, y cuida de él con cariño y con moderación. (Recuerda: le encanta el sol pero no le gusta recibir demasiada atención.)

Bambú (interior)

El bambú posee una energía muy alegre y alentadora. Ante todo, aporta alegría. En segundo lugar, la alegría puede expresarse como un mayor éxito, suerte y riqueza. Ello se debe a que la alegría es magnética y atrae condiciones felices. Me gusta poner bambú vivo en el cuarto de baño para compensar el bajón de energía, o en el área de la salud y las relaciones familiares, de la gratitud y la prosperidad, del esplendor y la reputación o de la serenidad y la autoestima para potenciar las energías asociadas con el área respectiva. También es una buena planta para situar en cualquier área que dé una sensación fría y estéril, ya que atrae vitalidad y risas. Y es un buen amigo que tener si te estás ayudando a ti misma a salir del miedo o la depresión.

El bambú posee una energía tan feliz y radiante que no le gusta recibir la luz directa del sol. Podría vivir, pero es probable que pierda el color y que se le sequen las hojas. Tenlo con agua fresca y alejado de la luz directa. Puede prosperar incluso en una habitación sin ventanas.

Albahaca

La albahaca es una plantita muy apuesta. Hace los regalos mágicos favoritos de todos: amor, pasión, riqueza, suerte y atractivo. Plantar albahaca en cualquier lugar de tu patio delantero te ayudará a ser extremadamente hermosa y cautivadora. Si deseas dar un empujoncito a tu suerte o a tus finanzas, planta albahaca cerca de la puerta principal o en cualquier parte del borde posterior de tu patio trasero. Cocinar un plato con albahaca fresca, como pasta al pesto, potenciará tu pasión y tu amor, y los de la persona a quien se lo sirvas. Añadir hojas de albahaca a un limpiador de suelos atraerá prosperidad y suerte. Vivir con albahaca en tu jardín aporta una profunda magia y espiritualidad a la energía de tu hogar. Y, como en el baño de albahaca más abajo, bañarse con unas cuantas hojas de albahaca fresca puede potenciar tu atractivo.

La albahaca crece mejor en el exterior a pleno sol.

. . . .

Baño cautivador de albahaca

Este baño es espléndido para cualquier momento en el que desees subir el volumen de tu atractivo hasta que alcance el nivel «cautivador». Los efectos duran unas seis horas, y después empiezan a desvanecerse lentamente hasta volver a la normalidad, de modo que es ideal para un acontecimiento concreto en el que quieras tener un aspecto inmejorable como una cita, una fiesta o una entrevista. Oh, y hazlo sólo una vez por ciclo lunar, o dejará de funcionar.

INGREDIENTES:

6 hojas de albahaca fresca

½ taza de azúcar glasé orgánico

1 varilla de incienso de vainilla

Una vela de color blanco o hueso

Prepara un baño entre templado y caliente. Pon la vela y el incienso cerca de la bañera y enciéndelos. Añade la albahaca y el azúcar en el agua y remueve un poco en el sentido de las agujas del reloj con la mano derecha. Sostén las palmas de las manos sobre el agua y visualiza que una brillantísima luz blanca desciende del cielo, te atraviesa la coronilla, se dirige hacia tu corazón, te recorre los brazos y fluye de tus manos hacia el agua. Imagina que el agua se arremolina y vibra con la energía magnética de un atractivo cautivador. Métete en el agua 40 minutos o hasta que el incienso haya quemado por completo. Puedes leer durante el baño si quieres, pero lee solamente cosas que levanten el ánimo y sean positivas.

Ciclamen

El ciclamen es un queridísimo amigo mío y me ha ayudado a superar momentos difíciles. Es el psicoterapeuta del jardín, que ayuda con cuestiones profundamente arraigadas relativas a la sexualidad y a los abusos deshonestos. Cuando cuidas del ciclamen, él cuida de ti introduciéndose cuidadosamente en tu campo energético y extrayendo las cuestiones para que puedas abordarlas y entregarlas al alma de la tierra para compostaje y una profunda purificación. También es conveniente tener ciclamen cerca para ayudarte a procesar tus sentimientos. Elige un color o colores que te resulten curativos y reconfortantes.

El ciclamen crece mejor en el exterior a pleno sol en climas suaves y en zonas de sombra parcial en climas más cálidos.

Potos

El potos es el príncipe de las plantas de interior. Limpia el aire a la vez que llena las áreas estancadas sobre los armarios o estantes altos con sus abundantes hojas o cae en cascada de jardineras colgadas como una fuente verde de hojas variegadas y acorazonadas. Posee una abundante energía amistosa, alentadora y purificadora, y es muy fácil cuidar de él.

Lo único que necesita el potos es amor y luz, y que lo rieguen de vez en cuando. Normalmente prospera con cualquier tipo de luz de interior.

Hortensia

La hortensia es la vieja sabia del jardín. En un abrir y cerrar de ojos puede ver en lo más profundo del corazón y de la mente de todos los seres humanos, tanto si entran físicamente en tu espacio como si simplemente envían su energía en forma de un hechizo, plegaria o intención. No sólo eso, sino que puede desenmarañar, transmutar y redirigir inmediatamente toda la negatividad y mala voluntad, de modo que estarás a salvo de ataques psíquicos, daños físicos y malas vibraciones en general.

Hay que pedirle ayuda para este propósito, de modo que, cuando la plantes, conversa mentalmente con ella y pídele respetuosamente que vele por la energía que rodea y penetra tu hogar y la proteja. Su costumbre de cambiar de color como consecuencia de ligeros cambios en el pH de la tierra advierte de su sensibilidad a los cambios sutiles de energía. Es mejor que esté en el patio delantero a efectos protectores, pero también puedes plantarla en el patio trasero para tener algo más de protección si de algún modo te sientes vulnerable en cuanto a tus entradas o ventanas traseras, o, simplemente, porque queda bonita. Y, si quieres, puedes utilizar formalmente las aptitudes para la seguridad de la hortensia con el siguiente ritual.

La hortensia crece mejor en el exterior, a pleno sol. En climas muy cálidos le gusta tener algo de sombra.

. . . .

Sistema de seguridad de la hortensia

Nota: este ritual (naturalmente) no sustituye la adopción de medidas de seguridad física en tu hogar, dado que el efímero mundo de la magia siempre funciona conjuntamente con el mundo físico de las formas de modo que los dos mundos puedan apoyarse y regularse entre sí.

INGREDIENTES:

Varias hortensias, de cualquier color

Una varilla de incienso de olíbano

1 cuarzo blanco para cada planta (asegúrate de limpiarlo; véase

capítulo 6)

La cantidad de hortensias que vayas a plantar dependerá de tu distribución y tu entusiasmo. Por ejemplo, en un piso, podrías tener sólo una en una maceta junto a la puerta principal; en una casa, podrías plantar un montón de hortensias alrededor del perímetro, o sólo una, o dos, junto a la puerta de entrada y una junto a la puerta trasera, etc. Si realmente quieres servirte de las vibraciones protectoras, tal vez tendrías que poner un montón.

Antes de plantar y/o ubicar las hortensias, reúnelas en un lugar central y coloca el incienso cerca de ellas, pero no demasiado como para quemarlas o calentarlas incómodamente. Lo ideal sería que el humo ascendiera por sus hojas y las rodeara, de modo que podrías intentar situar el incienso cerca del centro de ellas si tienes unas cuantas. Enciende el incienso. Sujeta los cuarzos blancos en las manos y respira hondo varias veces. Ahora, sintoniza con las hortensias y comunícate con ellas, mentalmente o en voz alta. Recuerda que son muy sabias. Si les explicas exactamente por qué estás pidiendo su ayuda y exactamente los tipos de personas y/o energía de la que te gustaría que te protegieran, lo entenderán muy bien. Una vez les hayas dicho tus deseos, intenta ver si notas que aceptan la misión (que lo harán). Después, dales las gracias desde lo más profundo de tu corazón y entierra un cuarzo cerca de cada una de sus bases. Ya estás preparada para ubicarlas o plantarlas en lugares estratégicos cerca de tu hogar.

Planta de jade

La planta de jade es una planta carnosa de hojas pequeñas, redondas y de un reluciente color verde. Hay algunas plantas a las que yo considero miembros de mi familia más allegada, y la planta de jade es una de ellas. Durante muchos años he vivido con una planta de jade por lo menos. La planta de jade emana energía fuerte pero sutil de la prosperidad y te ayuda a aprender a sentirte fuerte y estable con respecto a las finanzas. Sus características muestran capacidad de prosperar. Por ejemplo, se multiplica exponencialmente: si pones un pequeño esqueje de planta de jade en agua, le saldrán raíces y podrás plantarla en una maceta o en el exterior. Entonces, prospera y luce húmeda y vibrante con muy poca agua. Crece bien a pleno sol o en zonas de sombra total. Cuando cuidas de ella, la planta de jade es como un profesor amable y paciente que comparte sus secretos de prosperidad a través del ejemplo.

La planta de jade crece bien en el interior o en el exterior, al sol o a la sombra. Su lema es «quien no malgasta no pasa necesidades», por lo que le disgusta enormemente que la rieguen demasiado. En el exterior tal vez no quiera que la riegues en absoluto, a no ser que esté en una maceta.

Lavanda

La lavanda es un viejo aliado de las personas vinculadas con la magia. Posee una fragancia dulce, tranquilizadora, relajante y rejuvenecedora, y una altísima vibración espiritual. Atrae a las hadas a entrar en tu jardín en tropel y a morar en él, lo que aporta grandes bendiciones a todas las áreas de la vida. La lavanda, situada en el patio delantero, purifica y anima a la gente, y purifica y eleva las vibraciones energéticas cuando dejan el mundo exterior y penetran en el espacio mágico y sagrado que es tu hogar.

La lavanda crece mejor en el exterior a pleno sol.

Araucaria excelsa

La araucaria excelsa es una joya. Es un ser fuerte pero dulce, y absorbe sin ningún problema el exceso de negatividad y lo transforma en amor. (Esto se refleja en el reino físico, ya que elimina toxinas del aire.) Suaviza los efectos de las palabras y los sentimientos severos y ayuda a crear una sensación general de paz y armonía en el espacio. Tener una araucaria excelsa en una maceta es también una alternativa excelente a la muerte innecesaria de abetos en Navidad. Puedes adornarla en diciembre, y después puede volver a la normalidad y permanecer sin adornos el resto del año.

La araucaria excelsa crece mejor en el interior, cerca de una ventana.

Rosa

La rosa es el maestro ascendido del jardín. Cultivada, aunque totalmente natural y hermosísima, posee, según se dice, la vibración más alta de todos los seres vivos. Introducirla en tu patio aporta sensaciones de devoción espiritual, inspiración y conexión con Todo Lo Que Es. Su energía es también muy romántica, apasionada y purificadora. Si bien existen rosas en infinidad de tonos y variaciones de colores, a continuación encontrarás algunas características adicionales de diversos colores:

Fucsia: pasión por la vida, autoestima, amor y aceptación de tu cuerpo y tu aspecto físico.

Lavanda: espiritualidad iluminada y belleza física.

Melocotón: paz, dulzura, espiritualidad, amistad.

Rosa: amor especialmente romántico, dulce, divertida, lúdica.

Rojo: especialmente apasionada; amor romántico profundo, verdadero, físico y espiritual que cala hondo en el corazón.

Blanco: especialmente purificadora y curativa; conexión con la energía universal del amor / de la luz.

Blanco con motas rojas: devoción pura salpicada de una pasión intensa y perdurable.

Amarillo: sólo recomiendo plantar rosas amarillas si también plantas rosas rojas y rosas cerca. Las rosas amarillas poseen una energía que conecta con la tierra, lo que es bueno, pero sin el rojo y el rosa pueden aportar aburrimiento, celos y/o estancamiento al amor y al romance.

Las rosas crecen mejor en el exterior a pleno sol, con tal vez un poco de sombra.

Geranio rosa

El geranio rosa es como la diva del jardín, excepcionalmente femenina pero fuerte y dinámica a la vez. Está relacionada con el chakra del corazón. Abre tu corazón al amor, aporta dulzura, eleva las vibraciones y atrae a las hadas del romance.

El geranio rosa crece mejor en el exterior a pleno sol. Si el clima es especialmente cálido, le gusta estar a la sombra durante las horas calurosas de la tarde.

Romero

Viejo amigo de las sabias, esta hierba aromática es acre y dulce a la vez. Te levanta el ánimo y vigoriza tu mente consciente, potenciando la claridad, la concentración mental positiva y el poder mágico. Cultivado en el patio delantero, el romero anima a la cabeza femenina a «llevar los pantalones» públicamente en la familia. Cultivado en el patio trasero, el romero confiere fuerza y autoridad entre bastidores a la cabeza femenina de familia, y éste suele ser el lugar más favorable de los dos, puesto que normalmente aporta más a la armonía y al equilibrio de todos. Aun así, cualquiera de estas pautas puede ser positiva o negativa, según tu relación y situación. Por ejemplo, si una relación está desequilibrada, de modo que el hombre ostenta demasiado poder y la mujer demasiado poco, plantar romero en el patio delantero favorece una relación más equilibrada. Dondequiera que crezca, el romero transforma el jardín en un poderoso santuario mágico. Si quieres consejo sobre cómo experimentar una mayor claridad y poderes mentales, el romero es ideal para pedírselo. Relájate, sintoniza con él y hazle tu pregunta en silencio. Fíjate después en cualquier impresión, imagen o idea que te venga a la cabeza. También podrías colocar un ramito de romero fresco en tu zona de trabajo o de estudio con este propósito.

El romero crece mejor en el exterior a pleno sol.

Ruda

La ruda no se anda con rodeos. Es una planta protectora de enorme poder, y neutraliza y repele vigorosamente espíritus, vibraciones y entidades negativos. Dada la intensidad de la ruda, no recomiendo introducirla en tu jardín a no ser que lo necesites mucho y que te sientes asediada por la negatividad de cualquier forma. Si te apetece trabajar con ruda, plántala en el exterior de tu casa y pídele que se encargue de la negatividad (en forma de espíritus, personas, situaciones, etc.) por ti. Si la planta muere, podría deberse a que ha absorbido y repelido tanta negatividad que ésta acabó con su vida. Si esto sucede, dale las gracias por su servicio y devuélvela cariñosamente a la tierra. Sahúma después el interior y el exterior de tu casa con salvia blanca, y asegúrate de realizar el refuerzo de los tres secretos para disipar y repeler cualquier negatividad restante. Ten cuidado con la ruda, porque provoca irritación cutánea a algunas personas.

La ruda crece mejor en el exterior a pleno sol.

Salvia

Si la hortensia es la mujer sabia, la salvia es el viejo sabio del jardín. Como el proverbial gurú barbudo de la cima de una montaña, posee una energía muy antigua y sabia (de ahí que su nombre en inglés sea *sage*, es decir, 'sabio'). Tener salvia en el patio te conecta con la tierra y es a la vez místico. Purifica la energía con una fragancia y vibración muy terrenal y etérea a la vez que te transmite sutilmente su sabiduría mientras cuidas de ella. Una ventaja adicional de cultivar salvia es que puedes tomar trozos de tallo que contengan hojas, secarlos y formar un manojo atado con hilo para usarlo como sahumerio (véase capítulo 10).

La salvia crece mejor en el exterior a pleno sol.

9

Aliados animales

Los aliados animales en y alrededor de nuestras casas, vivos o representados artísticamente, nos obsequian generosamente sus energías mágicas y sus talentos únicos. A continuación encontrarás algunos animales que pueden resultarte útiles en tus cuidados mágicos de la casa, y algunas ideas sobre cómo invitar y favorecer su presencia en tu hogar y en tu vida.

Pájaro (en general)

Los pájaros representan libertad, ligereza, alegría, mensajes divinos, sueños que alzan el vuelo y el elemento aire, que va de pensamientos, palabras e ideas. Debido a estas cualidades, las imágenes de pájaros son ideales para las áreas del esplendor y la reputación, la creatividad y el espíritu lúdico, y la serenidad y la autoestima. También pueden ser positivas para el área de la sincronicidad y los milagros porque representan los viajes rápidos y la ayuda del cielo. Asegúrate de que jamás parezcan salir volando por la puerta o la ventana, o alejándose del interior de la casa o la habitación, porque ello simbolizará una pérdida de energía y de recursos.

Por lo general, no recomiendo tener pájaros como mascota, ya que se precisa una jaula y a veces conlleva cortarles las alas, y ninguna de las dos cosas es una afirmación positiva para tu vida, por no hablar de que no resultan nada agradables para el pájaro. Sin embargo, los comederos para pájaros, las pajareras y las pilas para pájaros son formas estupendas de experimentar la magia de los pájaros vivos cerca de tu casa.

Mariposa

Las mariposas representan la transformación, el renacimiento, la elevación de lo mundano a lo milagroso, la belleza, el romance, la magia, la imaginación y la dicha. Si ves una mariposa en tu patio, significa que las hadas están presentes. Las imágenes de mariposas son ideales para el área del esplendor y la reputación, puesto que la mariposa se ha transformado entre bastidores de oruga a un ser alado espectacular, la superestrella indiscutible del reino de los insectos. Una representación artística de dos mariposas en el área del amor y el matrimonio puede simbolizar la dicha matrimonial. Una imagen o figurilla de una mariposa en el área de la serenidad y la autoestima puede apoyar tus intentos de transformar tu cuerpo, mente y/o espíritu. Las imágenes de mariposas en el área de la salud y las relaciones familiares pueden representar a uno o a más seres queridos que han pasado de esta vida a la siguiente. Las mariposas en el área de la creatividad y el espíritu lúdico potencian la inspiración y la alegría.

Por más tentador que sea, por favor, nunca pongas capullos de mariposa en tarros, ya que para las mariposas es muy importante notar el aire libre a su alrededor cuando realizan la metamorfosis.

Gato

Mi favorito. Los gatos son sagrados y representan el poder mágico, la intuición y la sabiduría. También representan la independencia, la sensualidad, la libertad, la limpieza, la ferocidad tranquila, la agilidad y el secreto. Los gatos están alineados con la energía lunar femenina de la noche.

Puede ser útil colocar una o más representaciones artísticas de gatos en tu área de la serenidad y la autoestima, tu área del esplendor y la reputación o el área de la creatividad y el espíritu lúdico para potenciar cualquiera de estas áreas vitales con las energías mágicas asociadas a los gatos.

Los gatos son mis queridos aliados y miembros de mi familia, de modo que disculpa si parezco prepotente, pero tengo que dar algunos consejos a cualquiera que viva con uno o más gatos, o se plantee hacerlo:

- ¡No desungules a tu gato! No es como cortarles las uñas, es como cortarles los *dedos*. Los gatos usan las garras para todo. Si te preocupan tus muebles, y aunque no sea así, hazte con un rascador para gato.

- Si tienes un gato, plantéate tener dos para que puedan hacerse compañía cuanto tú no estés. (Especialmente si tu gato está siempre dentro de casa.) Y, si llevas un segundo gato que es algo más joven de edad que el primero y es del sexo opuesto, podrían hacerse amigos un poquito más deprisa. Tener dos gatos es también una afirmación positiva de una relación saludable y te ayuda a conocer los aspectos únicos de las personalidades de tus gatos al observar las diferencias entre ambos.

- No hace falta que te lo diga porque ya lo sabes, pero esteriliza y castra a tus gatos.

- Dales hierba gatera ecológica y/o fresca. Es su aliado más preciado en el reino vegetal, y ¿quiénes somos nosotros para privarlos de ella? (Pero, si todavía tienen menos de un año, puede que aún no les vaya demasiado.)

- ¡Adóptalos! Por favor, no apoyes financieramente a los criadores habiendo como hay tantos gatos sin hogar en el mundo.

Naturalmente, no tendrías que adoptar un gato solamente por esta razón, pero tener un gato en tu casa mueve la energía de modo saludable, puesto que los gatos suelen encaramarse, explorar y meterse en todos los rincones, lo que remueve y hace circular la energía, y la mantiene fresca.

Perro

¡Oh, cómo me gustan los perros! ¿Dije que los gatos eran mis favoritos? Bueno, pues los perros también lo son. Representan la lealtad, la amistad, el espíritu lúdico, la felicidad, la protección y el amor incondicional, y aportan estas cualidades a tu vida.

Las imágenes de perros en el área del esplendor y la reputación o en el área de la creatividad y el espíritu lúdico conferirán sus propiedades mágicas a estas áreas de tu vida.

Si vives con uno o más perros o estás pensando hacerlo, a continuación te doy algunas indicaciones sobre cómo tratarlos con amor y respeto:

- Deja que el perro entre en la casa, y deja que el perro duerma en la casa. No es gratificante espiritual o mágicamente tener un complejo de superioridad en cuanto a tu especie. Además, fuera hace mucho frío y mucho calor.

- Plantéate en serio dejar que el perro se suba a la cama y al sofá. Si el estado de tu decoración es más importante que la comodidad y la felicidad de tu mejor amigo, puede que necesites revisar tus prioridades.

- No adoptes un perro a no ser que puedas dedicarle mucho tiempo y atención. Estos animales necesitan amor y compañía las veinticuatro horas del día. Piensa en adoptar un perro casi de la misma forma en la que pensarías en adoptar un ser humano.

- Una vez más, sé que ni siquiera tengo que decírtelo, pero esteriliza y castra a tus perros.

- ¡Adóptalos! Por favor, no apoyes financieramente a los criadores habiendo como hay tantos perros sin hogar en el mundo. Además, pagar por un perro de raza es algo del siglo pasado. (Si realmente quieres tener una raza determinada, intenta buscar organizaciones de perros abandonados de razas concretas, como «poodle rescue».)

Dragón

Los dragones representan la sociabilidad, el éxito fulgurante, la fama, la buena suerte y la buena fortuna. Para atraer estas cualidades a tu vida, el mejor lugar para situar imágenes de dragones es el área del esplendor y la reputación. Pero prepárate: los resultados pueden ser intensos, especialmente si se le suma el refuerzo de los tres secretos. Y, hablando de resultados intensos, prueba el amuleto siguiente.

• •

Amuleto del dragón famoso

Se trata de un amuleto que te ayudará a expresar y a aumentar tu poder personal y a ser reconocida por tus maravillosos talentos. (No todo el mundo quiere ser la portada de la revista *People*, pero hay otras formas de ser famoso, como ser famoso en determinados círculos o famoso por determinados talentos y habilidades únicos.)

INGREDIENTES:

Una insignia que te guste que muestre un dragón (idea: mira
   webs relacionadas con el karate)

Fieltro rojo, naranja fuerte o rosa subido

Cinta roja, naranja fuerte, amarilla, rosa y/o dorada

Una borla a juego con la cinta

Caléndula (una hierba) seca y/o pétalos de girasol secos

Aguja e hilo

Corta dos cuadrados de fieltro lo bastante grandes como para que la insignia quepa holgadamente en uno. Gira uno de los cuadrados cuarenta y cinco grados para darle forma de rombo y cose la insignia de tela en él. Cose los cuadrados entre sí por los bordes, dejando un lado abierto. Rellena el amuleto con la caléndula y/o los pétalos de girasol y cose para cerrarlo. Une la cinta o las cintas en forma de lazo a la punta superior del rombo, y une la borla a la punta inferior para que quede colgando. Sujétalo con ambas manos, respira hondo varias veces, cierra los ojos y visualiza/nota/siente que irradias tu luz única al mundo con alegría. Visualiza/nota/siente además cómo será ser conocida y reconocida en el mundo de todas las formas que más deseas ser conocida y reconocida. Podrías imaginar que el teléfono no para de sonar, que hay multitud de gente aclamándote, que recibes un premio o lo que sea que ocurre cuando el mundo se fija mucho en los talentos que tú posees. Dicho de otro modo, sueña despierta a lo grande y siéntete bien. Después, dirige mentalmente una brillantísima luz dorada (como la del sol) al amuleto. Cuelga el amuleto en algún lugar de tu área del esplendor y la reputación, y prepárate para triunfar.

Libélula

Las libélulas están llenas de energía de las hadas. Si ves una libélula en tu patio, puedes estar segura de que las hadas están cerca. Las libélulas son seres espirituales; como un puente entre nuestro reino cotidiano y el reino de las hadas; nos guían hacia la frontera de estos mundos para que podamos empezar a ver más allá del fino velo que los separa.

Las imágenes de libélulas en el área del esplendor y la reputación mejorarán la forma en que eres conocida en el mundo, y las imágenes de libélulas en el área de la creatividad y el espíritu lúdico agudizarán tu fantasía y tu magia, y potenciarán tus esfuerzos imaginativos.

Pez

Los peces representan la ecuanimidad alegre y la abundancia. Debido a ello, las imágenes de peces son ideales para el área de la gratitud y la prosperidad y el área de la serenidad y la autoestima. Además, si las imágenes de peces son fantasiosas, pueden ser ideales para el área de la creatividad y el espíritu lúdico. Ahora bien, las imágenes de peces pueden plantear dificultades si los peces parecen nadar hacia la puerta o hacia el exterior de la casa. Esto simbolizará que la energía fluye lejos de ti en lugar de hacerlo hacia ti.

Habrá quienes, incluidos muchos asesores de feng shui, no estarán de acuerdo conmigo en este punto, pero yo no recomiendo tener peces vivos en tu casa o patio (aunque los estanques son, por lo general, mejores que los acuarios). Esto se debe a que, a diferencia de los gatos y los perros, los peces que pueden adoptarse son todos criados o capturados, lo que no me va porque no me gusta tratar a los animales como no me gustaría que me trataran a mí. Y, como no están domesticados de forma natural, cualquier acuario o estanque será para ellos una forma de encarcelamiento, y los animales encarcelados en nuestro hogar o en sus alrededores indicarían y perpetuarían sentimientos de encarcelamiento en ciertas áreas de nuestra vida. Además, en los acuarios y los estanques los peces dependen totalmente de nuestra habilidad de mantener el agua en las condiciones perfectas de temperatura, limpieza y alcalinidad, y de darles la cantidad exacta de comida, lo que, a mi entender, es mucha presión. Dicho esto, puede que seas la mejor cuidadora de peces del mundo, y puede que estés tan compenetrada con tus peces que simplemente mirándolos sepas si están felices. Si es así, no tengo nada que decir.

Como alternativa a los peces vivos, yo tengo un DVD de animación digital de un acuario que parece muy real, y me encanta atraer la energía de los peces a mi casa transformando mi televisor en un acuario virtual.

Rana

Las ranas representan el elemento agua, y atraen suerte y buena fortuna. La figurilla de una rana junto a la puerta atrae la buena fortuna, y tener imágenes de ranas en el área de la gratitud y la prosperidad también va bien para este propósito. A las ranas no les gusta el cautiverio, y no recomiendo tenerlas como mascota.

· ·

Recepción de la rana escondida para la buena suerte
Se trata de un ritual sencillo, pero superpoderoso, que atraerá una generosa cantidad de buena suerte, dulzura y buena fortuna a tu vida.

Ingredientes:
Una planta de jade en maceta
Una ranita de plástico, goma o cerámica
15 monedas brillantes (de céntimos)

El día o la noche de luna nueva, sitúa la planta de jade cerca de tu puerta principal. Sostén la rana en tus manos ahuecadas. Acércatela a la boca y susurra:

Gracias por traerme buena suerte y buena fortuna.

Coloca la rana en la planta de jade de modo que esté mirando las visitas que puedan presentarse a tu puerta, como si las estuviera espiando. (No tiene que estar totalmente escondida, pero es mejor que no se vea demasiado, lo que no tendría que ser demasiado difícil porque es muy pequeña.) Entierra después una moneda alrededor de la base de la planta de jade como ofrenda a la planta de jade y a la rana. Cada día o cada noche, agáchate hacia la rana, rodéate la boca con las manos y susurra de nuevo:

Gracias por traerme buena suerte y buena fortuna

Entierra después otra de las monedas. Sigue haciendo esto una vez al día hasta que estén todas enterradas, lo que ocurrirá el día de luna llena.

Caballo

Los caballos representan lo salvaje, la rebeldía, la fuerza y la libertad. Si eliges obras artísticas en que aparezcan caballos, te sugiero imágenes que los muestren en su estado salvaje, en lugar de domesticados. Asegúrate también de que no parezcan salir corriendo hacia la puerta o hacia el exterior de la casa, ya que eso representaría y perpetuaría una pérdida de energía y de recursos.

Las imágenes de dos caballos en el área del amor y del matrimonio pueden ser una afirmación positiva de una relación en la que ambos miembros conservan su poder y libertad personales. Si los sitúas en el área del esplendor y la reputación, los caballos potencian la forma en que eres vista en el mundo. En el área de la creatividad y el espíritu lúdico, te ayudan a expresar tu creatividad desbordante. Y, en el área de la serenidad y la autoestima, pueden ayudarte a volver a ponerte en contacto con tu fuerza, tu espíritu salvaje y tu libertad.

Colibrí

Los colibríes son pura alegría, energía, dulzura, vibraciones muy altas, la manifestación feliz de tus deseos profundos, los aspectos ligeros y divertidos del amor romántico y la energía de las hadas.

Yo tengo un comedero para colibrís donde termina el área del esplendor y la reputación en mi casa, y, desde que lo puse, mi novio compositor y yo hemos tenido una cantidad mágica de éxito relacionado con el esplendor y la reputación en nuestras respectivas profesiones. No sólo eso, sino que no paran de visitarnos colibríes, y siempre nos alegra el día verlos.

Si cuelgas un comedero para colibríes, asegúrate de conservar el néctar fresco limpiando el comedero y sustituyendo el néctar aproximadamente cada semana. Puedes colgar uno en cualquier parte de tu patio, pero otros sitios especialmente buenos para los comederos de colibrí son cerca de tu área del amor y el matrimonio para aportar energía y dulzura a tu vida amorosa, o cerca de tu área de la creatividad y el espíritu lúdico para aportar energía e imaginación a tus proyectos artísticos, así como diversión y magia a tu vida. Si hay un área de tu patio donde nadie va jamás, como una zona lateral vallada, es buena idea colocar algún tipo de comedero para pájaros (colibríes u otros) en esta área para atraer algo de energía vibrante y de movimiento a ella. Da igual dónde lo cuelgues, lo ideal es que puedas ver el comedero por la ventana desde el interior de tu casa para disfrutarlo, y también para recordar que debes conservar fresco el néctar.

León

Los leones nos enseñan a ser el rey o la reina de nuestro destino. Si estás preparada para emitir tu luz con un aire majestuoso y autoritario, tal vez quieras utilizar imágenes de leones en tu espacio. Los leones también representan la ferocidad tranquila, el sol y el elemento fuego.

En el área del esplendor y la reputación, los leones nos ayudan a ser conocidos como poderosos y regios, y nos ayudan a imponer nuestra autoridad en el mundo exterior. En el área de la serenidad y la autoestima, los leones nos ayudan a respetar nuestro poder y a imponer nuestra autoridad en nuestra propia vida.

Búho

Los búhos representan la energía divina femenina, la energía lunar y de la noche, la sabiduría, los secretos y la vida después de la muerte. Si deseas ser famosa y respetada en tu campo a la vez que permaneces entre bastidores, te iría bien poner imágenes de búhos en tu área del esplendor y la reputación. Si deseas potenciar tu sabiduría, tu alineamiento con la luna y/o el conocimiento oculto, tendrías que colocar imágenes de búhos en tu área de la serenidad y la autoestima.

Serpiente

En los círculos judeocristianos las serpientes reciben muchas críticas. Esto podría deberse a que las serpientes representan un poder femenino muy antiguo, así como la sensualidad y la conexión con la tierra. Oh, ya sé lo de la historia del Edén. Simplemente, me parece demasiado conveniente que la serpiente fuera tan eficazmente vilipendiada en la historia de la pérdida de la gracia divina de Eva. Pero puede que, simplemente, yo esté paranoica.

En todo caso, recapitulemos: la serpiente representa el poder femenino muy antiguo, la sensualidad y la conexión con la tierra. Tener imágenes de serpientes en el área del esplendor y la reputación te sería muy útil si deseas ser conocida como una mujer muy poderosa. Las serpientes también son útiles en el área de la serenidad de la autoestima si estás trabajando en recuperar la plenitud de tu poder femenino o si deseas alienarte de modo más profundo con la Diosa y la energía de la tierra.

Lo siento, pero las serpientes no deben ser mascotas. ¡Las serpientes quieren ser libres!

Araña

Las arañas representan la creatividad, el destino, la habilidad mágica y la energía divina femenina. Si eres como la mayoría de gente, puede que no te apetezca vivir con arañas o con imágenes de arañas. Sin embargo, como no sólo son seres vivos sino también aliadas de las personas vinculadas con la magia desde hace muchos años, creo que es particularmente importante abstenerte de matarlas o de destruir sus telarañas innecesariamente. Si encuentras una araña en tu casa, plantéate atraparla bajo un vaso y deslizar una cartulina fina bajo el vaso para dejar la araña en libertad en el exterior. (Por cierto, lo hice con éxito con un mosquito, y me sentí muy orgullosa de ello.) Además de salvar una vida, otra ventaja del método del vaso/cartulina para no tener arañas en casa es que puedes hacer una pregunta a la araña, como verás más abajo en el apartado «Pregunta a la Araña».

Seguramente te parecerá necesario (como a mí) destruir las telarañas que encuentres dentro de tu casa, pero fuera de ella te sugiero que, simplemente, las esquives, a no ser que estén justo en medio de un camino muy transitado o de algún lugar donde es probable que sean destruidas sin querer (lo que podría ser traumático para quien las destruya sin querer). He observado que las arañas comparten contigo inspiración y sabiduría mágica antigua si admiras conscientemente su trabajo, y por este motivo (y por motivos puramente estéticos) he aprendido a reconocer el bello arte del hilado de las telas. Si sientes un miedo irracional por las arañas, tal vez sería buena idea que investigaras este miedo a través de la meditación, la escritura de un diario y/o la visualización. Es muy probable que superar este miedo te permita acceder mejor a tus dotes mágicas.

Si te apetece vivir con imágenes de arañas, una o más arañas en el área de la creatividad y el espíritu lúdico estimularán tu imaginación y tus proyectos creativos. El área del esplendor y la reputación sería un buen lugar para las imágenes de arañas si eres como era yo cuando estudiaba secundaria y deseas ser conocida por tu originalidad y tu estética gótica, como Marilyn Manson o Elvira. Ello obedece a que las arañas no están especialmente bien consideradas por la mayoría de gente. El área de la serenidad y la autoestima es un buen lugar para situar imágenes de arañas si estás estudiando las artes mágicas o intuitivas.

No recomiendo tener tarántulas o ningún otro tipo de araña como mascota, ya que eso conllevaría tenerlas encarceladas con casi toda seguridad en contra de su voluntad.

· ·

Pregunta a la araña

Como dije, siempre que rescatas una araña en lugar de matarla tienes el privilegio de hacerle una pregunta y recibir una respuesta. Las mejores clases de preguntas que puedes hacer a las arañas guardan relación con la creatividad, las dotes mágicas y/o la intuición. Por ejemplo, podrías preguntar a la araña algo como: «¿Cuál tendría que ser mi próximo proyecto creativo?» o «¿Cómo puedo aumentar mis dotes intuitivas?». Cuando lleves la araña del interior al exterior de tu casa, explícale mentalmente que la estás dejando en el exterior como un favor para no tener que matarla. Ella lo entenderá porque sabe qué es matar a un invitado fortuito. Hazle después tu pregunta, mentalmente o en voz alta, justo cuando estés dejando en libertad la araña en el exterior. Después de hacer tu pregunta, está alerta pero sé paciente. Tu respuesta se presentará sola, normalmente de un modo muy silencioso pero inconfundible, en algún momento de los seis días siguientes.

Tortuga

Las tortugas, incluidas las marinas, representan el elemento tierra, la estabilidad y la longevidad, y sus imágenes conectan con la tierra y son muy reconfortantes. Si estás estresada, o te sientes insegura o como si tu energía estuviera hecha un lío, tal vez fuera buena idea colocar una figurilla o una imagen de una tortuga para relajarte y centrarte. Un buen lugar para colocar imágenes de tortugas con este fin sería el área de la sinergia, el equilibrio y la dicha, y el área de la serenidad y la autoestima.

Las tortugas, incluidas las marinas, no están domesticadas de forma natural y prefieren vivir en libertad, por lo que no recomiendo adoptarlas.

. . . .

Ritual de refuerzo de la figurilla de una tortuga

Si crees que no eres capaz de disfrutar la vida porque siempre pareces estar corriendo de un lado para otro, intentando lograr una cantidad al parecer imposible de cosas, este ritual es ideal para ti.

Obtén una figurilla de piedra o de cerámica de una tortuga, terrestre o marina, que realmente te guste. (Puede ser de cualquier tamaño; simplemente, elige algo adecuado para el área en la que decidas colocarla.) Puedes ponerla en tu zona de trabajo, cerca de tu puerta principal, cerca de tu zona de meditación o en tu área de la serenidad/autoestima, lo que te parezca más poderoso.

Pon las manos sobre la figurilla y sintoniza con la fría naturaleza terrestre y la solidez de la tortuga. Cierra los ojos y visualiza/imagina/siente que estás muy conectada con la tierra, serena y relajada; imagínate también terminando con facilidad y sin esfuerzo todo lo que hay en tu lista de tareas y logrando todo lo que deseas lograr. Siente los sentimientos que acompañan esta eventualidad: relajación, alegría, placer de vivir, orgullo por tus logros, etc. Di entonces:

Estoy conectada con la tierra. Estoy serena. Llevo fácilmente a cabo todo lo que hay en mi lista de tareas. Soy consciente de lo hermoso que es el momento presente. Siempre tengo mucho tiempo. Todas mis iniciativas acaban con éxito. Gracias, gracias, gracias. Bendita seas. Y así es.

10

Humo sagrado
y aromas de poder

Nada seduce, anima y eleva como una fragancia. Los humos y los aromas relajan, vigorizan, curan, bendicen, levantan el ánimo, abren las puertas a los reinos mágicos, estimulan la creatividad, aumentan la abundancia, potencian y aumentan el romance, limpian la negatividad del espacio e invocan a los espíritus buenos, entre otras cosas.

Métodos mágicos de difusión

Los aromas naturales pueden difundirse de varias formas, cada una de las cuales aporta su toque mágico único. Entre ellas figuran:

Incienso. Tanto si prefieres varillas como conos o carbón, quemar incienso es un método muy espiritual de difundir una fragancia. Al ascender hacia el cielo y el éter, su humo es un regalo a lo Divino.

Puede ayudarte a llevar deseos, intenciones y plegarias al reino de la creatividad infinita, donde se plantan como semillas que con el tiempo cobrarán forma. El incienso también puede elevar una habitación corriente a un plano más místico de existencia.

Sahumar. Sahumar es quemar manojos de hierbas secas y suele hacerse habitualmente con salvia, salvia del desierto y hierba del bisonte. Los sahumerios se sostienen en la mano mientras el humo se eleva de ellos, y el humo se dirige por el espacio para transformar o potenciar la energía de un modo concreto, según la planta y la intención.

Aceites. Los aceites esenciales naturales pueden difundirse con un quemador de esencias, un difusor eléctrico o cualquier otro difusor de aromaterapia. También puedes verter agua hirviendo en un tazón, un bol o un bote con unas gotas de aceite para liberar la fragancia con el vapor. Los aceites esenciales funcionan a un nivel emocional. Las diversas fragancias y mezclas nos apoyan y transforman de modos distintos, y pueden ayudar a sanar viejas pautas, aportar ideas y perspectivas nuevas y afectar positivamente a la salud y el humor de diversas formas.

Vaporizaciones de aromaterapia. Son pociones para difundir, elaboradas con aceites esenciales, esencias de flores y gemas, agua pura y el poder de la intención, que funcionan a niveles vibracionales y emocionales, y te permiten ajustar y calibrar muy bien la energía de tu espacio.

Velas. Las velas de cera de soja o vegetal hechas con aceites esenciales también infunden una fragancia natural a una habitación.[5]

---

5. Las velas de cera de soja o vegetal generan menos hollín, mantienen tu casa y tus pulmones más limpios y son mejores para el medio ambiente que las velas corrientes. La cera de abejas no perjudica la salud y es ecológica, pero, personalmente, yo prefiero no explotar a las abejas. Asegúrate, además, de que la mecha sea de tela y no de metal recubierto de tela, puesto que quemar mechas de metal también genera toxinas en tu entorno.

Además de los efectos positivos de difundir aceites esenciales naturales, quemar velas atrae a tu espacio a los espíritus buenos, la energía divina y la vitalidad. Las velas, como el incienso, también pueden ayudarte con la manifestación cuando las enciendes con intenciones concretas en mente.

A continuación descubrirás las propiedades mágicas y metafísicas, así como los usos de los distintos tipos de incienso, sahumerios y aceites, y también aprenderás a crear tus propias vaporizaciones de aromaterapia mágica y a quemar velas en tu espacio para crear un ambiente o manifestar una intención.

Incienso

Cedro

El cedro atrae simultáneamente las energías terrenales y las energías divinas, y es, por lo tanto, de naturaleza muy espiritual. Limpia la energía y protege de energía e influencias negativas no deseadas elevando las vibraciones y atrayendo la energía divina masculina. El cedro fortalece la salud, la claridad y la determinación, y favorece la meditación, la plegaria y otras actividades espirituales.

Canela

La canela posee una vibración muy alta y feliz. Aporta calidez y alegría, y mueve la energía de un modo saludable. Es también muy espiritual y accede a niveles elevados de consciencia para enseñarnos los aspectos espirituales de vivir una vida abundante, como querernos mucho a nosotros mismos, tratarnos bien, animarnos, seguir nuestro camino único, desprendernos de nuestros conceptos y creencias anticuados sobre el dinero y estar dispuestos a recibir.

Copal

El copal abre las puertas entre los reinos y atrae a los espíritus buenos a tu espacio. También puede usarse para una limpieza muy profunda y para liberar la energía negativa estancada, como sería necesario en el caso de que una entidad anclada (es decir, un fantasma desdichado) viva en casa. (En el siguiente capítulo encontrarás más información sobre los fantasmas.)

Olíbano

El olíbano es pura espiritualidad. Eleva las vibraciones, protege, limpia, crea un espacio sagrado y te alinea con lo Divino.

Nag Champa

El Nag Champa tiene algo que me transporta a otro mundo de las formas más dulces y deliciosas. Para muchos amantes del incienso, el Nag Champa es el viejo recurso gracias a su precio razonable y a su capacidad constante de elevar la consciencia y el ambiente. Su olor es dulce, vagamente floral, a tierra, y etéreo a la vez. Yo lo considero el incienso para todas las finalidades mágicas. Atrae bendiciones, energía divina y espíritus dulces, ayuda a manifestar cualquier cosa que quieras (romance, abundancia, éxito, creatividad, etc.), limpia la negatividad, eleva las vibraciones, relaja la mente, tranquiliza el cuerpo y levanta el ánimo. Una de las muchas personas que comparten mi afición por el Nag Champa es Bob Dylan, a quien le gusta quemarlo en grandes cantidades en sus conciertos.

Pachuli

El pachuli es pura energía de la Diosa Tierra y, como tal, nos permite disfrutar de los placeres físicos que nos conectan con nuestro cuerpo y las abundantes bendiciones del reino físico. El pachuli nos conecta con la tierra, nos ayuda a manifestar la abundancia y nos ayuda a disfrutar de los aspectos físicos del romance armonioso. Si has estado «absorta» o «hecha un lío», el incienso de pachuli podría ser ideal para volver a centrarte en tu cuerpo y en un deleite glorioso del momento presente y de todas las bendiciones que conlleva.

Rosa

El incienso de rosa atrae la energía de la Diosa en su forma de Madre Divina, y por lo tanto es dulce, enriquecedora, receptiva, cariñosa y franca. La rosa vibra a un nivel muy alto, por lo que también es bastante espiritual y alentadora. En forma de incienso, ayuda a manifestar los aspectos espirituales del romance armonioso.

Vainilla

El incienso de vainilla es dulce, etéreo y terrenal, y atrae las bendiciones del romance, el lujo y la abundancia. El incienso de vainilla ayuda con la manifestación al ayudarte a quererte tal como eres, lo que, por supuesto, desbloquea los canales para recibir lo que deseas.

Sahumerios

Los sahumerios son manojos atados o trenzados de hierbas secas que se llevan y se queman como el incienso por una habitación o área para crear cambios energéticos con el poder mágico del humo.

Puedes comprar sahumerios por Internet o en muchas tiendas de productos naturistas o metafísicos, o puedes prepararlos en casa. Para preparar tu propio sahumerio de salvia, corta salvia fresca y átala formando un manojo con hilo de cáñamo o de algodón. Después, cuélgala y déjala secar. En cuanto a la hierba del bisonte trenzada, no puedo ayudarte; nunca la he preparado yo misma, pero imagino que es bastante fácil si sabes dónde y cómo conseguir hierba del bisonte fresca (algo que yo no sé).

Salvia blanca

Si sólo vas a tener una herramienta o un ingrediente para los cuidados mágicos de la casa, éste tendría que ser un sahumerio de salvia blanca. Ello se debe a que quemar salvia blanca eleva las vibraciones, libera la energía estancada, protege de la negatividad y crea espacio sagrado. Si cualquier clase de hecho negativo tiene lugar en tu espacio, puedes quemar salvia blanca para purificar rápida y eficazmente la energía residual de ese hecho. También es una buena práctica quemarlo periódicamente para una purificación general. Después de quemarlo, notarás sin duda una diferencia positiva en la sensación y el ambiente de una habitación.

Para quemarlo, enciende el sahumerio y agítalo con cuidado sobre un plato o el fregadero hasta que la llama se extinga pero siga humeando. Sostén un plato debajo de la punta ardiendo para recoger cualquier ceniza que caiga, y recorre el perímetro de cada habitación que quieras purificar, dedicando en cada área el tiempo que te indique tu intuición. También puedes pasártelo encendido alrededor del cuerpo para purificar tu cuerpo energético y tu aura.

Salvia del desierto

La salvia del desierto también limpia la energía pero de otra forma. Mientras que la salvia blanca purifica elevando las vibraciones y disipando la negatividad, la salvia del desierto mueve las vibraciones de forma feliz de modo que a las malas vibraciones no les apetece quedarse. Por este motivo, se utiliza como un «abrecaminos» mágico. Si te has sentido estancada en tu vida y deseas preparar el terreno para nuevas oportunidades y vías inesperadas, es buena idea quemar salvia del desierto en tu casa y alrededor de tu aura. Concéntrate especialmente en los umbrales y las puertas, para abrir nuevas puertas en tu vida. Su humo posee una personalidad muy dulce y puede crear sensaciones de seguridad, comodidad y espíritu lúdico. Es bueno quemar salvia del desierto en un sitio nuevo para ayudarte a sentirte relajada y cómoda en el nuevo entorno, y para ayudarte a sentirte en él como en casa. También puede atraer a tu espacio a espíritus de antepasados y seres queridos fallecidos.

Hierba del bisonte trenzada

La hierba del bisonte huele deliciosamente, y cuando la quemas percibes inmediatamente su personalidad dulce y terrenal aunque espiritual. En lugar de eliminar las vibraciones negativas, la hierba del bisonte atrae las positivas en forma de seres queridos fallecidos benéficos, ángeles, guías, animales guías, dioses/diosas y maestros ascendidos, a quienes vale la pena tener cerca por varias razones, incluida la protección, la felicidad y la recepción de mensajes del más allá. Tal vez quieras limpiar el espacio con salvia antes de atraer a ayudantes con hierba del bisonte. Entonces, cuando la enciendas y la quemes, invita mentalmente o en voz alta a los espíritus dulces y serviciales a entrar en tu casa. (Véase el ritual de la página 117.)

Aceites

Me gusta difundir aceites esenciales en mi quemador de esencias, que es como un quemador de popurrí, sólo que con un platito encima. Pon agua en el platito, enciende una lamparita debajo y pon unas cuantas gotas del aceite o mezcla de aceites que hayas elegido en el agua. También puedes comprar otros tipos de difusores de aceites esenciales, o montar un sencillo difusor improvisado vertiendo agua hirviendo en una taza de cerámica o un bol y echando unas gotas de aceite en el agua. Este difusor sólo difundirá la fragancia mientras desprenda vapor, pero puede servir bastante bien para perfumar una habitación.

Angélica: disipa y desaloja vibraciones y entidades negativas; ayuda a eliminar del espacio cualquier tipo de energía pesada, oscura o estancada

Cedro: fortalece y purifica, crea espacio sagrado con elevadas vibraciones espirituales

Canela: eleva y hace circular la energía de un modo saludable; da calidez, levanta el ánimo, conecta con la tierra, aumenta la riqueza

Salvia romana: crea claridad; purifica el espacio; levanta mucho el ánimo, vigoriza y anima

Clavo: da calidez, potencia los poderes psíquicos y mágicos, vigoriza, atrae prosperidad

Eucalipto: fresco, refrescante, curativo, purificador, vigorizante, estimulante

Hinojo: frío, cariñoso, receptivo, curativo, tranquilizante, vigorizante

Jazmín: sensual, dulce, romántico, alegre, levanta el ánimo, aumenta la autoestima y la autoaceptación, tranquiliza y abre el corazón, fomenta el lujo, aumenta la riqueza (este aceite es muy caro, y tal vez quieras comprarlo mezclado con un aceite portador o en forma absoluta)

Lavanda: relajante, tranquilizador, calmante, curativo, alivia el estrés

Limón: vigorizante, levanta el ánimo, alegre, limpiador, purificador, eleva las vibraciones, elimina la negatividad

Neroli (flor de azahar): alegre, relajante, romántico, abre el corazón; atrae, fortalece y armoniza relaciones duraderas mejorando la autoestima y la autoaceptación

Pachuli: sensual, romántico, terrenal; atrae lujo y riqueza

Menta: eleva vibraciones y crea claridad y calma; también es refrescante, vigorizante, levanta el ánimo, purificador

Rosa: eleva las vibraciones a un nivel muy alto de dulzura y amor puros; purificador, armonizador, abre el corazón; invoca a los ángeles y a otros seres altamente vibradores de amor (este aceite es muy caro, y tal vez quieras comprarlo mezclado con un aceite portador o adquirir rosa absoluta; si no, el agua de rosas posee las mismas propiedades que el aceite de rosa y va de maravilla en un atomizador o un quemador de esencias)

Geranio rosa: eleva las vibraciones, abre el corazón, fortalece la mente y el cuerpo, aporta valor, protege de la negatividad

Romero: crea claridad y amplifica la memoria y otras capacidades mentales; vigorizante, levanta el ánimo y anima

Hierbabuena: tranquilizador, reconfortante, ligeramente purificador, refrescante, levanta el ánimo

Mandarina: vigorizante, levanta el ánimo, alegre, limpiador, purificador; crea sensaciones de felicidad y dulzura, mueve la energía de modo saludable, atrae la abundancia

Vainilla: dulce, conecta con la tierra, reconfortante, tranquilizador, romántico

Ylang ylang: cura asuntos relativos a la imagen corporal y la sexualidad; sensual, apacible, relajante, armonizador, abre el corazón

Vaporizaciones de aromaterapia

Usa estas vaporizaciones como si fueran un ambientador comercial, y vaporiza generosamente con ellos la habitación o la casa para infundir sus vibraciones mágicas personales y únicas al espacio. Lánzalas al aire.

Las esencias de gemas y flores, que describí en los capítulos de limpieza y de gemas, son la vibración del cristal o la flor conservada en agua y alcohol. Puedes adquirirlas por Internet y en muchas tiendas de productos naturistas y metafísicos.

. . . .

Vaporización del romance

INGREDIENTES:
Esencia de granate o un granate propiamente dicho
Aceite esencial de jazmín o jazmín absoluto
Agua de rosas en un atomizador

Pon el granate o 5 gotas de la esencia de granate en el agua de rosas. Añade después 5-20 gotas de jazmín en el agua de rosas, según la concentración del aceite y tus preferencias personales. Agita bien. Refuerza la botella con los tres secretos, siendo muy concreta en tu intención y visualización.

. . . .

Aura de la alegría

INGREDIENTES:
Esencia de carpe (esencia de una flor), esencia de apofilita
    (esencia de una gema) o una apofilita propiamente dicha
Aceite esencial de neroli

Aceite esencial de mandarina
Aceite esencial de limón
Agua de rosas en un atomizador

Pon la apofilita, 3 gotas de esencia de apofilita o 3 gotas de esencia de carpe en el agua de rosas. Añade después 10 gotas de neroli, 5 de mandarina y 3 de limón al atomizador. Agita. Sujeta el atomizador con ambas manos y visualiza que una brillantísima y centelleante luz blanca y dorada llena la botella. Siente que la energía de las risas, las sonrisas, la energía vibrante y el buen humor penetran y rodean el líquido a través de la luz blanca y dorada. También puedes, si quieres, reforzar más el líquido diciendo una plegaria y/o utilizando los tres secretos.

. . . .

Vaporización del hogar feliz

INGREDIENTES:
Esencia de citrino o un cuarzo citrino propiamente dicho
Aceite esencial de vainilla
Aceite esencial de mandarina
Aceite esencial de neroli
Agua de manantial en un atomizador

De día, cuando el sol brille y no lo tapen las nubes, pon el cuarzo citrino o 5 gotas de esencia de citrino en el atomizador, así como 8 gotas de vainilla, 3 gotas de mandarina y 6 gotas de neroli. Agita. Visualiza que la luz pura, cegadora y brillante del sol desciende y entra en la botella para llenarla por completo. Pide que vibraciones muy armoniosas y felices entren en la botella junto con la luz del sol y siente que eso sucede. Termina con el refuerzo de los tres secretos.

. . . .

Vaporización de la paz y la armonía

INGREDIENTES:

Esencia de castaño blanco

Esencia de amatista o una amatista propiamente dicha

Aceite esencial de ylang ylang

Aceite esencial de lavanda

Agua de rosas en un atomizador

Pon 4 gotas de esencia de castaño blanco y 3 gotas de esencia de amatista o la amatista en el atomizador. Añade después 6 gotas de ylang ylang y 8 gotas de lavanda al atomizador. Agita. Sostén la botella con ambas manos y visualiza que una centelleante luz azul entra en la botella junto con vibraciones de una paz y una armonía profundas. Refuérzala con los tres secretos, usando el mudra de la tranquilidad del corazón y las seis palabras verdaderas.

. . . .

Espray de invitación a los ángeles

Esta vaporización eleva las vibraciones y abre los portales al reino de los ángeles para invitar y recibir huéspedes angelicales en tu espacio.

INGREDIENTES:

Esencia de aqua aura o una aqua aura propiamente dicha

Aceite esencial de rosa o rosa absoluta

Aceite esencial de neroli

Agua de rosas en un atomizador

Pon el aqua aura o 4 gotas de esencia de aqua aura en el atomizador. Añade después hasta 10 gotas de aceite de rosa (según la concentración) y 6 gotas de neroli al atomizador. Agita. Sostén la botella con ambas manos y visualiza que una luz clara y centelleante de colores relucientes desciende en espiral del cielo y llena el atomizador. Cada vez que pulverices, invita en silencio o en voz alta a los ángeles a entrar en tu espacio. No pasa nada si los invitas simplemente porque te gustaría tenerlos cerca, pero, si los invitas para que te ayuden para un fin concreto, diles en qué te gustaría que te ayudaran y pídeles respetuosamente su ayuda en el asunto.

Espray de invitación a las hadas

Espolvorea tu casa de vibraciones afines a las hadas y da la bienvenida a la magia. Esta vaporización es también muy potente para atraer las condiciones románticas ideales y aumentar la autoestima.

INGREDIENTES:
Esencia de lepidolita o una lepidolita propiamente dicha
Aceite esencial de hierbabuena
Aceite esencial de vainilla
Aceite esencial de lavanda
Agua de rosas en un atomizador

Pon la lepidolita o 5 gotas de esencia de lepidolita en el atomizador. Añade 4 gotas de hierbabuena, 4 gotas de vainilla y 4 gotas de lavanda. Agita. Sostenlo con ambas manos, cierra los ojos y visualiza que una brillantísima y centelleante luz lavanda llena y rodea la botella.

Vaporización de invocación a la Diosa

Esta vaporización atrae la energía de la Diosa y ayuda a invocar la presencia de la Diosa (en una de sus muchas formas) en tu espacio y en tu vida. Es ideal para reducir el estrés, mejorar el equilibrio hormonal y equilibrar el exceso de energías masculinas (p. ej., las presentes en casa de un soltero) con energía femenina. Utilizar esta vaporización supone asimismo una forma eficaz de atraer un romance armonioso con una mujer. Para éste u otros fines concretos, asegúrate de reforzarla con los tres secretos.

INGREDIENTES:

Esencia de piedra de luna o una piedra de luna
    propiamente dicha
Aceite esencial de ylang ylang
Agua de rosas en un atomizador

Pon la piedra de luna o 5 gotas de esencia de piedra de luna en el agua de rosas. Añade 7-10 gotas de aceite de ylang ylang en el agua de rosas. Agita. Sostén el atomizador con ambas manos y pide a la Diosa que le infunda su energía divina femenina. Visualiza que la botella se llena de la luz plateada e incandescente de la luna.

. . . .

Vaporización de invocación a Dios

Esta vaporización atrae energía divina masculina e invoca la presencia de Dios (en una de sus muchas formas) en tu espacio y en tu vida. Es ideal para aumentar el valor, la confianza en ti misma y la energía guerrera, para elevar las vibraciones a un nivel sagrado y espiritual, y para equilibrar el exceso de energías femeninas (p. ej., las presentes en casa de una soltera) con energía masculina. Esta vaporización también puede ayudarte a atraer un romance armonioso con un hombre. Para éste u otros fines concretos, une su uso al refuerzo de los tres secretos.

INGREDIENTES:

Esencia de girasol
Aceite esencial de cedro
Aceite esencial de olíbano
Agua de manantial en un atomizador

Pon 4 gotas de girasol, 5 gotas de cedro y 5 gotas de olíbano en el atomizador. Agita. Sostén la botella con ambas manos y pide a Dios (en cualquiera de sus formas que elijas) que le infunda su energía divina masculina. Visualiza que se llena de una brillantísima y pura luz blanca.

. . . .

Aura de la prosperidad
¿A quién no le iría bien darle un empujoncito a su prosperidad?

INGREDIENTES:
Esencia de citrino o un cuarzo citrino propiamente dicho
Aceite esencial de canela
Aceite esencial de mandarina
Aceite esencial de pachuli (si no te gusta el pachuli, usa neroli)
Agua de manantial en un atomizador

Pon 9 gotas de esencia de citrino o el cuarzo citrino propiamente dicho en el atomizador. Añade 3 gotas de cada aceite al atomizador. Agita. Sostén la botella con ambas manos y visualiza que una brillantísima y centelleante luz verde esmeralda la llena y la rodea. Para una intención concreta, tal vez quieras reforzar la vaporización con los tres secretos.

. . . .

Espray para relajar el ambiente
Va bien tener a mano esta vaporización para después de una discusión o cuando las cosas se ponen demasiado serias, pesadas o agobiantes. También es un apoyo excelente en momentos dolorosos o traumáticos. Da perspectiva, libera la energía estancada, levanta el ánimo y potencia la armonía y la alegría.

INGREDIENTES:
Esencia de lepidolita o una lepidolita propiamente dicha
Esencia de apofilita o una apofilita propiamente dicha

Rescue Remedy de Bach
Aceite esencial de lavanda
Aceite esencial de menta
Aceite especial de hierbabuena
Agua de rosas en un atomizador

Pon 3 gotas de esencia de lepidolita o la lepidolita, 3 gotas de esencia de apofilita o la apofilita y 4 gotas de Rescue Remedy en el atomizador. Añade 4 gotas de lavanda, 3 gotas de menta y 4 gotas de hierbabuena al atomizador. Agita. Sostén la botella con ambas manos y visualiza que una brillantísima y centelleante luz azul turquesa llena y rodea la botella.

· ·

Vaporización mágica para eliminar el estrés

Sencillamente, elimina mágicamente el estrés. Si el estrés es un problema para ti, tal vez sería buena idea llevar en el bolso o tener en el escritorio un atomizador pequeño con esta vaporización.

INGREDIENTES:
Rescue Remedy de Bach
Aceite esencial de lavanda
Aceite esencial de menta
Agua de rosas en un atomizador

Pon 4 gotas de Rescue Remedy, 6 gotas de lavanda y 4 gotas de menta en el atomizador. Agita. Sostén la botella con ambas manos y refuérzala con tu intención de eliminar el estrés y crear un ambiente tranquilo, alentador y sereno. Visualiza que una brillantísima luz blanca llena la botella.

....

Vaporización mentolada para la curación física

Esta vaporización ayuda a crear un ambiente que nutre, apoya y favorece la curación física.

INGREDIENTES:

Esencia floral de gardenia

Esencia de cuarzo blanco o un cuarzo blanco propiamente dicho

Aceite esencial de eucalipto

Aceite esencial de menta

Un atomizador lleno de agua de manantial

Pon 4 gotas de gardenia, 3 gotas de cuarzo blanco (o el cristal), 4 gotas de eucalipto y 4 gotas de menta en el atomizador. Agita. Sostén la botella con ambas manos y pide al Arcángel Rafael que llene el líquido de vibraciones altas que aceleren poderosamente la curación. Visualiza que la botella se llena de una brillantísima luz blanca y, después, de una brillantísima luz verde.

Quemar velas para intenciones concretas

El simple hecho de encender una vela puede ser un ritual mágico en sí mismo. Tal vez quieras quemar una vela a modo de ayuda de diversas intenciones, incluyendo, aunque no solamente, intenciones relativas a cualquiera de los siguientes temas:

Expulsión

Profesión

Creatividad

Fama/reputación

Concentración

Salud

Intuición / dotes psíquicas

Alegría

Manifestación

Prosperidad

Romance

Espiritualidad

Una vez hayas elegido tu intención, estarás a punto para empezar a preparar tu ritual con la vela.

1. Aclara

Escribe tu intención en una frase, como si ya hubiera sucedido. Por ejemplo, podrías escribir «Soy más rica de lo que jamás habría soñado» o «Estoy sanísima en todos los sentidos».

2. Elige una o varias fragancias

Mira la lista de aceites y elige una o varias fragancias para ayudar a manifestar tu intención. Anota tu elección.

3. Elige un color

A continuación encontrarás unas cuantas ideas sobre colores:

Negro: expulsar, liberar, disipar

Azul Intenso: intuición, dotes psíquicas, éxito, armonía, paz

Verde: salud, curación, riqueza, apertura del corazón

Lavanda: belleza física, espiritualidad, armonía

Naranja: armonía, calidez, cosecha, fructificación, sexualidad

Rojo: pasión, fama, fuerza, valor, éxito, salud espléndida, victoria, conexión con la tierra

Azul turquesa: comunicación, alegría, ligereza, autoexpresión

Violeta/púrpura: espiritualidad, belleza interior, magia

Blanco: pureza, protección, manifestación, curación

Amarillo: energía, claridad, alegría, valor, poder personal

Para más ideas, véase el apéndice.

4. Consigue tu vela

Elige o prepara una vela de cera de soja u otro vegetal.

Si la preparas tú misma, coloréala y aromatízala con el color y la(s) fragancia(s) que elijas. Si la compras, puede que encuentres una vela con el color y la fragancia que elijas, o una vela sólo de tu color elegido. En este caso, puedes ungir después la vela con tus fragancias elegidas (véase el siguiente paso).

Como alternativa a una vela de color, puedes usar una vela de color blanco o hueso y situarla en un tarro de cristal o un candelero de color.

5. Prepara tu vela

Graba las palabras de tu intención en la vela con un lápiz, un clavo o lo que vaya bien. Puedes usar la frase entera o elegir solamente una palabra que resuma tu intención, como «romance», «riqueza», «liberación», «salud». Si vas a ungir tu vela con un aceite esencial, pon unas cuantas gotas (o más, según tus preferencias) de tu(s) aceite(s) elegido(s) en un aceite portador, como el aceite de girasol o de oliva. Unta ligeramente toda la superficie de la vela (excepto la base y la mecha) con este aceite con los dedos. También puedes usar una toallita de papel para aplicar el aceite si desconoces si los aceites esenciales te irritarán la piel.

6. Refuerza tu vela

Usa una de las dos formas siguientes: (a) sostenla con ambas manos y visualiza y/o siente el resultado deseado como si ya se hubiera manifestado, y dirige entonces mentalmente la energía generada por esta visualización a la vela, o (b) usa el refuerzo de los tres secretos.

7. Enciende tu vela

Si estás quemando la vela para manifestar algo, quémala durante la luna creciente. Si la estás quemando para liberar o expulsar algo, quémala durante la luna menguante. Una vez la apagues, puedes quemarla sin más cuando estés en casa y te apetezca gozar de la luz de una vela. O, si quieres acelerar su magia, enciéndela siempre que estés en casa hasta que haya quemado por completo. Cada vez que la enciendas, di una rápida plegaria o haz una rápida visualización de tu resultado deseado.

11

Bendiciones, protecciones y otros rituales

Si has leído hasta aquí, ya estarás familiarizada con diversas bendiciones, protecciones y rituales que puedes hacer en casa. Bueno, ¡pues aquí encontrarás algunos más! Pero antes, vamos a profundizar un poco en el tema del ritual.

El ritual trabaja con la naturaleza en los muchos niveles distintos de los reinos sutiles, ayudando a obtener toda la belleza, el poder y el éxito que ya existen en forma de semilla en nuestros corazones. Como dice Marina Medici en *Magia natural*:

Un buen mago es, pues, como un buen jardinero, Sabe que no es posible convertir una rosa en otra flor, y que, si alguna vez eso pudiera conseguirse, sería, en el mejor de los casos, simplemente un juego. Sabe que su trabajo es distinguir las malas hierbas de las flores y ayudar a las flores a crecer.

Las semillas y las flores son los auténticos deseos de nuestro corazón. Las malas hierbas son nuestros miedos, creencias limitantes y deseos falsos, externamente impuestos. Cuando tenemos muy claras nuestras intenciones y nos concentramos en ellas de un modo positivo, y cuando nuestras intenciones están alineadas con quien realmente somos (la chispa de la divinidad interior), nuestros rituales siempre darán resultado.

Las actividades de este capítulo pueden ayudarte a alinearte a ti y a tu hogar con todo lo que tu corazón realmente desea y a crear el espacio para que ello se manifieste en tu vida.

Antes de llevar a cabo ninguno de estos rituales, podrías prepararte de las maneras indicadas a continuación. Tarda todo el tiempo que necesites para cada paso, y dedica un tiempo preliminar a empezar a conectarte con tu intuición y con los reinos energéticos más sutiles.

1. Para evitar timideces o interferencias energéticas, asegúrate de estar sola o de que las únicas personas presentes estén dispuestas a participar en el ritual. (En algunos de los rituales necesitarás toda la casa para ti sola, pero en otros, más sencillos bastará sólo una habitación.)

2. Desenchufa y/o apaga tu(s) teléfono(s).

3. Date una ducha o un baño para purificar tu energía.

4. Medita sentándote con la espalda erguida y respirando hondo varias veces.

5. Dedica un momento a conectarte con la tierra visualizándote a ti misma echando raíces y obteniendo nutrientes de la tierra, y dedica un momento a conectarte con la energía universal visualizándote a ti misma de modo que te crecen ramas y captas la luz y el aire del cielo.

6. Visualiza una esfera muy brillante de luz blanca que te rodea, y pide que tu campo energético esté poderosamente sellado y pro-

tegido. A mí me gusta pedir ayuda al arcángel Miguel en este punto, pero puedes pedírsela a cualquier ser o seres que creas conveniente, o simplemente visualizar y pedir ayuda a la luz.

Cuando hayas terminado el ritual, da las gracias a los seres y/o poderes mágicos que has invocado y desentiéndete totalmente del resultado de tus intervenciones con una fe absoluta en que han dado resultado. Como las intervenciones mágicas pueden generar mucha energía, tal vez quieras conectarte después con la tierra. Para ello, túmbate o siéntate en el suelo (o en una silla si es necesario) y visualiza que una cascada de luz cae sobre ti como si fuera agua, descendiendo hacia la tierra y llevándose con ella todo el exceso de energía de tu campo energético. Finalmente, come algo para conectarte aún más con la tierra, como frutos secos, cereales o tubérculos. También puedes beber una cerveza si te gusta, puesto que la cerveza es ideal para conectarte con la tierra. También podrías hacer algo para volver al mundo cotidiano, como llamar a un amigo, comprobar tu correo electrónico o preparar la comida.

Bendiciones

Una bendición es un rito mágico que eleva y armoniza la energía de tu hogar, creando un espacio sagrado para que tu alma encuentre refugio y tus sueños cobren forma.

. . . .

Bendición de una nueva casa
Mudarse a una casa o piso nuevo (o nuevo para ti) es un momento mágico. Tu vida está en una transición dinámica, y realizar esta poderosa bendición de la nueva casa te ayuda a que esa transición sea positiva, puesto que infunde todo lo brillante y hermoso a tu nuevo hogar. Si te

gusta mucho esta bendición, puedes llevarla a cabo aunque haga cierto tiempo que vives en tu domicilio actual.

Lo ideal sería que hicieras este ritual antes de haber trasladado tus cosas. Pero, si por cualquier razón esto no es posible, no te preocupes; sigue siendo muy eficaz. Antes de empezar, limpia físicamente el espacio y despeja a fondo el espacio como se indica en la página 52.

Lleva a cabo esta bendición entre luna nueva y luna llena.

INGREDIENTES:

Un bol con pétalos de rosa de todas las rosas rojas, rosas y
    amarillas que puedas adquirir razonablemente
Una velita con funda o una velita votiva roja, rosa y verde para
    cada habitación
Un plato en el que quepan tres velas para cada habitación (a no
    ser que las velas vayan con funda)
Una varilla de incienso de vainilla o de rosa para cada habitación
Una manzana para cada habitación

Pon tres velas en cada habitación, una de cada color. Encuentra la forma más estable de dejar cada manzana en una superficie plana (cabeza abajo o cabeza arriba), y clava una varilla de incienso derecha en cada una de ellas de modo que la manzana recoja la ceniza que cae. Sitúa una manzana junto a cada disposición de velas de cada habitación. Sitúate en un lugar central o en la puerta principal. Con las manos en posición de plegaria, di:

*Yo invoco a los espíritus dulces de luz divina. Yo invoco
todas las energías positivas de este hogar. Gracias por
bendecirme con este precioso lugar donde vivir. Realizo ahora
esta bendición como ofrenda de gratitud. Que sea una inyección
poderosa de armonía, prosperidad, felicidad y amor. Gracias.*

Lleva el bol con los pétalos de rosa a cada habitación, y haz lo siguiente.

Enciende las velas y el incienso. Sitúate en un lugar central o en la puerta principal de la habitación con las manos en posición de plegaria. Cierra los ojos. Di «Armonía» y visualiza que una brillante luz amarilla llena la habitación. Di «Prosperidad» y visualiza que una brillante luz verde llena la habitación. Di «Felicidad» y visualiza que una brillante luz roja llena la habitación. Di «Amor» y visualiza que una brillante luz rosa llena la habitación. Si las visualizaciones son demasiado difíciles para ti en esta fase, limítate a decir las palabras y deja que resuenen en tu cabeza. A continuación, abre las manos para formar las manoplas de reiki (véase página 85) y visualiza que una brillantísima luz blanca o de colores desciende del cielo, te atraviesa la coronilla y fluye de tus manos para arremolinarse y llenar la habitación. Abre los ojos y esparce un puñado de pétalos de rosa por la habitación al azar, dejando que caigan al suelo y/o sobre los muebles.

Cuando hayas terminado con cada habitación, sitúate de nuevo en el lugar inicial. Cierra los ojos, y, con las manos en posición de plegaria, visualiza que una brillante luz blanca llena y envuelve por completo la casa en una enorme esfera de luz. Imagina que esta esfera gira en sentido de las agujas del reloj y ten presente que esta luz está sellando las energías positivas dentro de tu hogar. Cuando creas que la visualización haya llegado a su fin, di:

> *Ya está hecho. Gracias, gracias, gracias.*
> *Benditos sean. Y así es.*

Abre los ojos y abandona la posición de plegaria. Deja que las velas sigan quemando por lo menos mientras la varilla de incienso lo siga haciendo. Si te apetece y no hay peligro, puedes dejar que las velas sigan quemando hasta se apaguen solas, o puedes encenderlas de nuevo periódicamente hasta que hayan quemado por completo. Deja los pétalos por lo menos doce horas, pero no más de veinticuatro horas. Deshazte de ellos en la tierra del exterior, en un montón de compostaje o en un contenedor de residuos orgánicos para que puedan regresar a la tierra. Deshazte de las manzanas del mismo modo.

. . . .

Bendición de la casa

Tal vez quieras llevar a cabo esta bendición cada 1 de enero, cada 1 de noviembre o en cualquier otro momento en que quieras armonizar, equilibrar, levantar el ánimo y crear un espacio sagrado atrayendo energía positiva a tu hogar.

Empieza realizando una limpieza y un despeje a fondo. Lleva a cabo esta bendición entre luna nueva y luna llena, a no ser que la hagas al principio de otro ciclo, como el ciclo del año solar, lunar o pagano, en cuyo caso no necesitas tener en cuenta la fase lunar.

INGREDIENTES:

Una vela con funda o una vela votiva de color blanco, hueso o
    rosa pálido para cada habitación (con un plato o una
    palmatoria si es necesario)
Aceite esencial de canela
½ taza de aceite de girasol
Toallita de papel o pincel
Una varilla de incienso de olíbano para cada habitación
Un incensario o una manzana usada como incensario (véase
    página 190) para cada habitación
Un ramito de romero atado con una cinta de color rojo fuerte
    para cada habitación

Mezcla el aceite de girasol con 9 gotas de aceite de canela y usa una toallita de papel o un pincel para ungir cada vela con el aceite, con cuidado de no irritarte la piel con el aceite de canela. (Recubre toda la vela salvo la mecha y la base de una fina capa de aceite.) Pon una vela en cada habitación, junto con una varilla de incienso. Sitúate en un lugar central o en la puerta principal con las manos en posición de plegaria. Di:

> *Yo invoco a los espíritus dulces de luz divina. Yo invoco*
> *las energías positivas y benéficas de este hogar. Llevo a cabo*
> *esta bendición con gran alegría y gratitud. Celebro y consagro*
> *el espacio sagrado que es mi hogar. Que todas las energías*
> *buenas entren en él. Que todas las energías buenas*
> *moren en él. Gracias.*

Lleva contigo los ramitos de romero en un plato o cesta a cada habitación. Cuando estés en cada habitación, haz lo siguiente.

Enciende la vela y el incienso. Sitúate en un lugar central o en la puerta principal de la habitación con las manos en posición de plegaria. Cierra los ojos y di:

> *Que todas las energías buenas entren aquí.*
> *Que todas las energías buenas moren aquí.*

Abre las manos para formar las manoplas de reiki (véase p. 85) y visualiza una brillantísima y centelleante luz blanca y dorada que desciende del cielo, te atraviesa la coronilla y fluye de tus manos para llenar la habitación. Visualiza que la luz se arremolina en el sentido de las agujas del reloj y llena todo el espacio, incluidos todos los rincones y grietas. Abre los ojos y coloca un ramito de romero en la habitación, a poder ser junto a la vela y el incienso.

Cuando hayas terminado con cada habitación, regresa al lugar inicial y sitúate con las manos en posición de plegaria. Visualiza que una brillantísima y centelleante luz blanca y dorada llena y envuelve toda la casa en una enorme esfera. Imagina que esta esfera empieza a girar en el sentido de las agujas del reloj y ten presente que las energías positivas que has invocado están ahora selladas dentro del espacio. Di:

Pido ahora a cuatro ángeles que se sitúen en los puntos
cardinales de esta esfera de luz para vigilarla y contener todas
las energías buenas en su interior.

Visualiza a estos ángeles vigilando la energía de tu hogar y dales mentalmente las gracias. Cuando creas que la visualización ha llegado a su fin, di:

Ya está hecho. Gracias, gracias, gracias.
Benditos sean. Y así es.

Abre los ojos. Deja que el incienso queme por completo y deja que las velas quemen dos horas por lo menos. Si quieres, también puedes dejar que las velas quemen por completo o apagarlas y volver a encenderlas periódicamente hasta que hayan quemado por completo. Los ramitos de romero pueden quedarse donde están hasta la siguiente bendición, o puedes deshacerte de ellos pasada una semana. Si te deshaces de ellos, asegúrate de quitarles la cinta y dejarlos en la tierra en el exterior, en un montón de compostaje o en un contenedor de residuos orgánicos para que puedan regresar a la tierra.

. . . .

Bendición sencilla de la casa

Tal vez quieras bendecir tu hogar pero no te apetezca comprar un puñado de cosas para efectuar un ritual exhaustivo. O quizá quieras una renovación rápida entre bendiciones. En ambos casos, ésta es la bendición ideal para ti. También te servirá si jamás has realizado antes un ritual y deseas empezar por algo sencillo. Pero no te confundas: la sencillez de este ritual no reduce su eficacia.

Puedes realizar este ritual en cualquier momento. Antes de empezar, ordena, haz una limpieza rápida y lleva a cabo un rápido ritual de purificación.

INGREDIENTES:
12 varillas de incienso de olíbano o Nag Champa
Un platito
Un bote o un bol con tierra
9 ramitos de romero fresco
Cinta o hilo

Haz un manojo con el romero y átalo con el hilo para que puedas colgarlo como un adorno. Sitúate en un lugar central o cerca de la puerta principal. Pon las manos en posición de plegaria y di:

Yo invoco a los ángeles, las hadas y los seres de luz divinos.
Aquí sois bienvenidos.

Enciende todas las varillas de incienso y sostenlas todas juntas a modo de sahumerio. Sostén debajo el platito para recoger las ascuas y la ceniza. Recorre deprisa la casa, permaneciendo en cada habitación el rato suficiente para repetir: «Yo invoco a los ángeles, las hadas y los seres de luz divinos. Aquí sois bienvenidos». Regresa al lugar central y coloca el manojo de incienso en la tierra con las puntas encendidas hacia arriba de modo que cualquier ceniza o ascua caiga a la tierra. Deja las varillas de incienso en la parte exterior de la puerta principal o, si hace viento o te hace sentir más cómoda, déjalas en la parte interior de la puerta principal o cerca de ella. Sostén el manojo de romero con ambas manos y di:

Este hogar está bendito, y todas las cosas buenas
prosperarán entre sus paredes.

Cuelga el manojo de romero en la parte exterior de la puerta principal o sobre la parte interior de la puerta principal. Pon las manos en posición de plegaria, visualiza un anillo de luz blanca que rodea tu hogar y di:

Ya está hecho. Gracias, gracias, gracias.
Benditos sean. Y así es.

Después de que el incienso haya quemado por completo, coloca la tierra y las cenizas en la base de un árbol en tu patio o en otro lugar al aire libre.

Protecciones

Es muy importante que tú y tus seres queridos os sintáis seguros en vuestro hogar. Las protecciones crean un aura de seguridad frente a todas las formas de intrusión y daño, tanto físico como energético. (Pero tendrías que cerrar igualmente con llave la puerta, puesto que siempre es mejor pedir al reino etéreo y al reino físico que trabajen juntos en equipo.) Una protección también fomenta un ambiente de seguridad, que reduce el estrés y la ansiedad y, por lo tanto, potencia la armonía y el equilibrio a todos los niveles.

. . . .

Protección del hogar con aqua aura

Es una protección muy eficaz que no sólo impide la entrada a todas las formas de negatividad, sino que también ajusta tu espacio a una vibración fantasiosa, como la de las hadas, que favorece los milagros y la magia. El único inconveniente es que los aqua auras pueden ser un poco caros, no tanto como el diamante y el rubí, pero lo más cara que puede ser una piedra semipreciosa. Si te gusta este ritual pero no quieres recurrir al aqua aura, también puedes usar puntas de cuarzo blanco, aunque será un poco menos fantasioso. O tal vez podrías usar mitad y mitad.

INGREDIENTES:

8 puntas de cuarzo aqua aura

Una brújula

Una pala u otra herramienta para cavar

Tras limpiar tus cristales (véase el capítulo sobre las gemas), sostenlos con ambas manos y pide que se carguen de vibraciones poderosamente protectoras. Podrías visualizar y/o sentir que esto ocurre bajo la forma de una energía centelleante que se arremolina, los llena y los rodea. Es muy probable que mientras lo haces notes que vibran de poder en tus manos.

Entierra ahora cada cristal en el exterior, a lo largo del perímetro del espacio que estás protegiendo. Usa una brújula para enterrar uno en el norte de la propiedad, y sigue después en el sentido de las agujas del reloj para enterrar uno en el nordeste, el este, el sudeste, el sur, el sudoeste, el oeste y el noroeste respectivamente. Tendrían que estar todos señalando hacia arriba y sobresalir un poco. Sitúate en la puerta principal, mirando hacia fuera, realiza el mudra de Júpiter con las manos (véase la página 83) y extiende los brazos de modo que señalen hacia delante en paralelo con el suelo. Con los ojos muy abiertos, mira hacia delante y canturrea la palabra «protección» dieciséis veces.

· ·

Protección del hogar con ajo y milenrama

Esta protección va especialmente bien para impedir la entrada a los malos deseos y las influencias negativas. Si te preocupa la mala energía procedente de una persona o grupo de personas concreto, o si deseas impedir que entidades ancladas o cualquier otra forma de energía etérea o espiritual negativa entre en tu casa, ésta es la protección que debes realizar. Esta protección también resulta útil para mantener alejados los malos sueños, siempre y cuando los malos sueños procedan de una fuente exterior, como alguien que tiene malos pensamientos sobre ti o te desea algún mal.

Haz esta protección cuando haya luna llena o ese momento esté muy cerca, a no ser que se trate de una emergencia, en cuyo caso te recomiendo que lo hagas enseguida, con independencia de la fase lunar. Lo mejor es empezar con una buena limpieza. Y, si crees que hay una o más entidades tercas ancladas viviendo contigo, te sugiero que realices primero la versión para espíritus del ritual para expulsar a un huésped o residente poco grato (véase página 210). Después puedes realizar éste para asegurarte de que se mantienen alejados.

INGREDIENTES:

Una vela roja

4 dientes de ajo

8 alfileres con la cabeza roja

4 cucharadas de milenrama seca en un bol de cerámica, cristal o
    metal

1-4 plantas en maceta si es preciso (véase más abajo)

Reúne la vela, el ajo, los alfileres y la milenrama en un lugar central o en tu altar. Enciende la vela. Con las manos en posición de plegaria, di:

Yo invoco a diez mil ángeles y seres de luz divinos.
A través de mí, por favor, cargad de poder protector
estos ingredientes.

Forma con las manos las manoplas de reiki (véase página 85) con las palmas hacia los alfileres, la milenrama y el ajo. Deja que la energía te atraviese la coronilla, se dirija hacia tu corazón y fluya de tus manos para llenar la milenrama y el ajo del poder protector que has invocado. Clava ahora dos alfileres en cada diente de ajo. Tendrían que atravesar el lado estrecho del diente de ajo y formar una *X*, de modo que las puntas y las cabezas sobresalieran en ambos lados.

A continuación vas a enterrar un diente de ajo en cada una de los cuatro lados de tu casa. Si es posible, entiérralos en la tierra, cerca de la pared exterior de tu casa. Si eso no es posible, coloca una planta en maceta en el exterior y planta en ella el diente de ajo. Si esto tampoco es posible (porque vives en un piso, por ejemplo), coloca una planta con maceta dentro de tu casa y entierra el ajo en ella. Puedes usar cualquier combinación de estas opciones; por ejemplo, podrías enterrar el diente de ajo en la tierra en dos lados de tu casa y en una planta con maceta en los otros dos lados, dentro de tu casa. Cada vez que entierres un diente de ajo, pon una cucharada de milenrama sobre él antes de taparlo. Una vez lo tapes, mira hacia fuera y efectúa el mudra de la expulsión (véase página 80) nueve veces, diciendo cada vez: «Ong so hung» para alinearte con el poder infinito de lo Divino. Si te preocupa lo que puedan pensar tus vecinos, prescinde del mudra de la expulsión y recita el mantra mentalmente.

Cuando hayas terminado, regresa donde está la vela. Pon las manos en posición de plegaria y di:

> *En este lugar se ha creado una poderosa protección,*
> *y sólo lo que es bueno entrará y morará en él. Ya está hecho.*
> *Gracias, gracias, gracias. Benditos sean. Y así es.*

Apaga la vela soplando.

. . . .

Ritual sencillo de protección angelical

Puedes hacer esta protección a menudo, y, cuando más la hagas, más fuerte será. A mí me gusta hacerla todos los días como parte de mi meditación diaria.

INGREDIENTE:

Una vela de color blanco o hueso (pero ni siquiera esto
  es necesario)

Siéntate delante de la vela encendida con la espalda erguida. Cierra
los ojos, respira hondo varias veces y pon las manos en posición de plegaria. Pide al Arcángel Miguel que llene y envuelva tu hogar de una
esfera de luz blanca muy brillante. Pídele después que ajuste el campo
energético de tu hogar localizando cualquier área oscura e iluminándola
poderosamente, quemando y transmutando toda negatividad. Una vez
creas que esto ha terminado, pide a un grupo de ángeles que rodeen tu
hogar y dirijan energía positiva hacia su interior. Ve cómo la energía
fluye de sus manos hacia el centro de tu hogar, elevando y conservando
constantemente las vibraciones positivas. A continuación pide a un grupo algo más numeroso de ángeles que rodeen al primer grupo de ángeles. Visualízalos mirando hacia el exterior, y pídeles que impidan poderosamente que cualquier forma de negatividad entre en tu hogar. Da las
gracias a los ángeles y ten la seguridad de que tú y tu hogar estáis ahora
poderosamente protegidos. Di (mentalmente o en voz alta):

Gracias, gracias, gracias. Benditos sean. Y así es.

Otros rituales

Estos rituales te permiten trabajar con la energía de tu hogar para ayudar
a manifestar diversas intenciones mágicas.

. . . .

Ritual de la venta perfecta

Lleva a cabo este ritual para vender una casa rápidamente, de forma
perfecta y por un buen precio.

Como preparación para el ritual, efectúa lo siguiente (puede llevarte unas semanas):

1. Retira todas las fotos de familiares y amigos y guárdalas en una caja. Esto dará inicio al proceso de eliminar tu energía de la casa, y creará además el espacio para los nuevos residentes.

2. Despeja a fondo todo tu desorden. Como recomienda la autora Terah Kathryn Collins, pregúntate: «Si mañana me mudara, ¿me llevaría esto conmigo?» Si la respuesta es negativa, dalo, tíralo o véndelo lo antes posible. Esto liberará todavía más tu energía del lugar y creará el espacio para los futuros residentes. También elevará tu vibración, lo que atraerá a compradores con vibraciones más altas, ya que Dios los cría y ellos se juntan.

3. Limpia a fondo. Limpia debajo y detrás de todo. Limpia incluso las paredes. Esto elevará aún más la vibración y ayudará a desbloquear tu energía del espacio y a prepararlo para los nuevos residentes.

4. Haz un despeje a fondo del espacio.

5. Asegúrate de que la puerta principal esté reluciente y vibrante. Sustituye cualquier planta maltrecha, dale una mano de pintura, sustituye los rótulos con los números o haz lo que sea necesario para lograr que la puerta principal esté resplandeciente. Recuerda que la puerta principal es la primera impresión y el mensaje que envías al mundo. Su estado dictará la calidad de los compradores que atraigas.

6. Haz todo esto con mucho amor y reconocimiento hacia la casa y hacia todo lo que te proporciona (refugio, comodidad, alegría, etc.). Si no tienes una buena relación con la casa o no te sientes agradecida por tenerla, ahora es el momento de cambiar esta

actitud y reconocer y aceptar todas las bendiciones que este hogar te ha ofrecido. Es probable que esto abra tu corazón y despierte tus emociones, tal vez de un modo algo conmovedor y nostálgico. Permítete sentir estos sentimientos, a veces hasta es necesario llorar un poco. Dejar que todos estos sentimientos afloren a la superficie para expresarse te permitirá liberar totalmente lo viejo y dejar espacio para que nuevas y hermosas condiciones fluyan a tu vida.

INGREDIENTES:

1 vela de color blanco o hueso

Un pedazo de papel

Un sobre dorado (pintado si es necesario)

Un bolígrafo

Un cristal de cuarzo blanco o cristal de roca

Enciende la vela, siéntate delante de ella y céntrate. Ahora piensa realmente en la casa. Piensa en todos los buenos momentos que has pasado en ella y en lo agradecida que le estás por haberte cobijado y cuidado todo este tiempo. Emociónate si es posible. Al fin y al cabo, estás a punto de manifestar una gran despedida a un querido amigo. Una vez estés en contacto con tus sentimientos de gratitud, prepárate para escribir las cualidades que te gustaría que tuviera el nuevo o los nuevos propietarios. Como la casa ha sido tan buena contigo, no querrás que vaya a vivir en ella cualquiera. Quizá escribas: «El nuevo o los nuevos propietarios serán cuidadosos, responsables, tranquilos, cariñosos, valorarán realmente la casa y cuidarán bien de ella», etc. Una vez hayas terminado, escribe debajo la cantidad que te gustaría recibir por ella. Escríbelo así: «Recibo _____ € o más.» A continuación escribe debajo: «Rápido, fácil, perfecto.» Firma y fecha el documento, dóblalo (dobla siempre el papel hacia ti) y ciérralo dentro del sobre. Sostén el sobre con las palmas de ambas manos y di:

Querido hogar, me has servido bien, y te doy las gracias.
Ahora te libero por completo y te dejo seguir tu camino.
Que te honren y seas valorado mientras vivas.

Coloca el sobre en un armario, cajón o estante situado en tu área de la sincronicidad y los milagros, ponle el cristal encima y traspasa la situación con total seguridad y confianza. Una vez hayas vendido la casa, da las gracias al universo por tu buena fortuna y pon el sobre en el contenedor de reciclaje.

. . . .

Atraer amor

Antes de decidir que ha llegado el momento de atraer a ese alguien especial a tu vida, es el momento hacer una valoración. ¿Te quieres a ti misma? ¿Te tratas con gran compasión y respeto? Naturalmente, todo el mundo tiene de vez en cuando alguna dificultad en estas áreas, pero si crees que la mayoría de veces la respuesta a cualquiera de estas preguntas es negativa sólo atraerás a alguien que no te ame y que no te trate con una gran compasión y respeto. No sólo eso, sino que tú tampoco serás capaz de ofrecer totalmente estas cosas a otra persona. En este caso, empieza por leer atentamente *Usted puede sanar su vida* de Louise Hay y vuelve después a este ritual. Lo digo en serio. Más de una vez, si es preciso. Tal vez quieras también seguir un curso de autoestima, empezar a practicar yoga o meditar, trabajar con un sanador energético, leer otro libro o todo lo anterior. Lo que quiero decirte es que hay un requisito indispensable para este ritual: cultivar una profunda y perdurable autoestima, con independencia de lo que tengas que hacer y del tiempo que pueda llevarte hacerlo. (Y no pasa nada si te lleva tiempo. ¡Normalmente lo lleva!)

Ahora bien, si te sientes preparada, esto tendría que irte bien.

Ingredientes:

2 tazas de flores o pétalos secos de rosas rosas o rojas, molidos
finos en un molinillo de café, robot de cocina o mortero.
¼ de taza de raíz de orris
1 frasquito de purpurina rosa de una tienda de manualidades
Un bol de cerámica rojo, rosa o blanco
1 vela rosa

Lo idea es efectuar este ritual el primer viernes después de luna
nueva, pero cualquier lunes, viernes o domingo entre luna nueva y
luna llena servirá. Tras el anochecer, reúne los ingredientes, enciende
la vela y céntrate. Forma con las manos las manoplas de reiki (véase
página 85), con las palmas hacia las rosas, el orris y la purpurina, y,
mientras visualizas una centelleante luz rosa y dorada que desciende, te
atraviesa la cabeza, se dirige hacia tu corazón y fluye de tus manos
hacia los ingredientes, di:

Cargo ahora estos ingredientes
con la brillante luz magnética del amor.

A continuación mezcla estos ingredientes en el bol. Deposita el bol
delante de ti, y haz el mudra de la tranquilidad del corazón (véase página 81) mientras repites «Aham prema» nueve veces. Sal de la casa y esparce la mezcla a lo largo del camino de entrada que conduce hasta tu
puerta principal, bajo el felpudo y en la parte exterior de tu puerta
principal. Esparce el resto de polvo en cualquier otra parte (en el exterior) a lo largo del perímetro de tu casa. Regresa donde está la vela, pon
las manos en posición de plegaria, y di:

Ya está hecho. Mi pareja romántica es perfecta para mí
en todos los sentidos y él/ella está de camino hacia mí.
Gracias, gracias, gracias. Bendita sea. Y así es.

. . . .

Atraer dinero

INGREDIENTES:

9 naranjas

Un bol en el que quepan las nueve naranjas y que no sea de
   plástico

Cinta dorada

Cinta verde

Una vela verde

Opcional pero aconsejado: unas gotas de aceite esencial de canela
   y/o clavo mezcladas con una cucharada de aceite de girasol

Lo ideal sería que hicieras este ritual cuando haya luna nueva, pero
también servirá cualquier martes o domingo cerca de luna nueva y entre
luna nueva y luna llena.

Reúne todos los ingredientes y céntrate. Graba el signo del dólar en
la vela. Si usas aceite, unge con él la vela para recubrir de una fina capa
toda su superficie excepto la base y la mecha. Enciende la vela. Pon las
manos en posición de plegaria, cierra los ojos y di:

Yo invoco a los ángeles de la abundancia.

Dirige las palmas abiertas hacia las naranjas y las cintas, y di:

*Cargo estos ingredientes con la luz magnética
de la prosperidad financiera.*

Visualiza que una centelleante luz verde/dorada / de colores desciende, te atraviesa la coronilla, se dirige hacia tu corazón y fluye de
tus manos hacia las naranjas y las cintas. A continuación, haz un lazo
alrededor de una naranja con un trozo de cinta verde y un trozo de

205

cinta dorada. Una vez lo hayas hecho, sostén la naranja con ambas manos y di:

Abro ahora las compuertas de la abundancia y la bienvenida
riqueza infinita a mi vida.

Coloca la naranja en el bol y repite con cada naranja. (Si se cae alguno de los lazos, no te preocupes; el ritual funcionará igual de bien.) Una vez hayas terminado, pon las manos en posición de plegaria y di:

Ya está hecho. Gracias, gracias, gracias.
Bendita sea. Y así es.

Deja el bol en tu cocina y sitúa la vela junto a él. Deja que la vela queme por completo o apágala y vuélvela a encender (cuando te vaya bien) hasta que queme por completo. Puedes retirar las naranjas y la vela de la cocina cuando la utilices, pero vuélvelas a dejar ahí después. Cuando haya luna llena o el día después, deshazte de las naranjas enterrándolas o colocándolas en el montón de compostaje o en el contenedor de residuos orgánicos para que puedan regresar a la tierra. O, en este caso, puedes comértelas; simplemente, asegúrate de que te deshaces de la peladura del modo indicado anteriormente. (Si te las comes estarás interiorizando la magia, lo que seguramente sea muy, pero que muy interesante, de un modo probablemente agradable pero imprevisible.) Ata las cintas entre sí para crear un amuleto y cuélgalo o colócalo en tu área de la gratitud y la prosperidad, o cuélgalo en la parte exterior de tu puerta principal, en el pomo interior de tu puerta principal o sobre la parte interior de tu puerta principal, en la pared.

· ·

Atraer una Profesión Ideal y/o Descubrir tu Camino Vital

Está inspirado en un ritual feng shui de la vieja escuela. Yo he tenido personalmente mucho éxito con él. Hace años me ayudó a descubrir mi camino como cuidadora mágica de la casa y escritora metafísica.

Para prepararlo, escribe todas las cualidades ideales que tendría, para ti, la profesión perfecta. No tienes que saber todavía de que profesión se trata, sino simplemente las cualidades. Así, por ejemplo, podrías escribir: «Trabajo desde casa, gano _____ € al mes o más, trabajo menos de _____ a la semana, expreso mis talentos y capacidades únicos, adoro a las personas con/para quienes trabajo, estoy muy bien valorada, puedo vestir como quiera, etc.». Si en algún momento piensas: «Esto es imposible, no hay ninguna profesión que encaje en esta descripción» o «Esto es demasiado bueno para ser cierto», ignora tales pensamientos y recuérdate que tus deseos no son arbitrarios; más bien son los indicadores del camino a tu éxito perfecto. Permítete reivindicar sincera y auténticamente tus circunstancias ideales. Tómate tu tiempo y ajusta la lista a lo que te indique tu voz interior. Lo que quiero decir es que procures no incluir cosas sólo porque creas que tendrías que quererlas ni dejes de incluirlas sólo porque creas que no tendrías que quererlas.

INGREDIENTES:

Una vela de color blanco o hueso

Un bolígrafo

La lista de cualidades que has escrito (como se describe anteriormente)

Una postal en blanco que ilustre el mar, una fotografía del mar cuyo dorso esté en blanco o una fotografía de ti delante del mar cuyo dorso esté en blanco

Una punta de cuarzo blanco

Una tela de fibra 100% natural de color rojo intenso o fuerte, del
tamaño exacto de la parte superior de tu colchón o un
poquito más pequeña (quizá un mantel o una sábana)

Retira el colchón de tu cama para dejar a la vista el somier. Reúne
entonces los ingredientes, enciende la vela y céntrate.

Con los ojos cerrados y las manos en posición de plegaria (véase
página 79), di:

Yo invoco mi profesión ideal y mi camino vital.

Abre los ojos y copia las cualidades de tu profesión ideal en el dorso
de la fotografía del mar. Ve al área de la profesión y el camino vital de
tu casa y coloca en ella la fotografía del mar de modo que la imagen del
mar sea visible (si lo prefieres, también puedes meterla en un cajón o en
algún sitio donde no puedas verla, pero déjala con el lado del mar hacia
arriba). Coloca la punta de cuarzo cerca de ella o sobre ella.

A continuación, extiende la tela roja sobre tu somier. Súbete a él y
siente que ya has descubierto tu camino profesional ideal. Experimenta
con la mayor plenitud posible la alegría que esto te comporta. También
podrías visualizarte a ti misma feliz en el trabajo. Después realiza el mudra de la expulsión (véase página 80) nueve veces, dirigiendo los dedos
hacia la tela mientras dices las seis palabras verdaderas cada vez («Om ma
ni pad me hum»).

Termina con las manos en posición de plegaria y los ojos cerrados,
y di:

Gracias, gracias, gracias. Benditos sean. Y así es.

Vuelve a poner el colchón en la cama de modo que la tela quede
situada entre el colchón y el somier; la magia infundirá tu aura mientras
duermes. Apaga la vela.

· ·

Ritual del hogar feliz

Éste es el ritual que tienes que hacer cuando quieras crear más armonía y felicidad en tu hogar y superar la energía vieja y estancada que dificulta incómodamente las relaciones, y/o la discordia crónica de cualquier tipo. También resulta útil para ayudar a sanar tu relación romántica con una pareja con quien convives si no es totalmente armoniosa. En algunos casos los resultados podrían parecer algo caóticos al principio, pero ten presente que es por el bien de una armonía verdadera y duradera. Dicho de otro modo, no es una tirita: los asuntos enterrados saldrán a la superficie para que puedan abordarse y solucionarse del mejor modo posible.

En primer lugar, limpia a fondo la casa y libera la energía. Después estarás preparada para empezar. Hazlo cuando la luna se sitúe en Cáncer o en Libra (consulta un almanaque astrológico o mágico, o búscalo en Internet), o cualquier día que no sea martes, entre luna nueva y luna llena.

INGREDIENTES:

Aproximadamente ½ taza de ortigas secas

Aproximadamente ½ taza de énula seca

Una vela votiva de color naranja o melocotón para cada
  habitación

Un platito o una palmatoria para cada habitación

Aceite esencial de mandarina

Aceite esencial de neroli

2 cucharadas de aceite de oliva suave

Reúne todos los ingredientes en un altar o un lugar central. Pon las manos en posición de plegaria y di:

> *Yo invoco a Hestia, la diosa del hogar. Solicito ahora*
> *tu poderosa ayuda con este ritual para crear armonía*
> *y felicidad entre estas paredes.*

Pon ahora las manos sobre los ingredientes y siente que una rica fuente de armonía y alegría desciende desde tu coronilla hacia tu corazón y fluye de tus manos hacia los ingredientes. Podrías visualizar que los ingredientes se llenan de luz. Graba este símbolo, la runa Ger (o Jera) en cada vela:

Este símbolo representa el equilibrio natural y los ciclos de la naturaleza, y también ayuda a revelar y sanar cualquier asunto sepultado y bloqueos de la verdadera armonía. Después, en un pequeño recipiente, pon 9 gotas de cada aceite esencial en 2 cucharadas de aceite de oliva y mezcla. Unge con el aceite cada vela hasta recubrir de una fina capa toda su superficie excepto la base y la mecha. Coloca cada vela en un platito y espolvorea una pequeña cantidad de ortigas y énula alrededor de cada base. Una por una, sitúa cada vela en cada habitación y enciéndela. Después de encender cada vela, pon las manos en posición de plegaria y, con los ojos cerrados, di:

Feliz, dulce, armonioso, bendito.

Cuando hayas terminado de encender todas las velas, regresa al lugar central y di:

Gracias, gracias, gracias. Bendita sea. Y así es.

Deja que las velas quemen dos horas por lo menos, o deja que quemen por completo.

. . . .

Expulsar a un huésped o residente (humano) poco grato

¡Ten cuidado con éste! Al realizar rituales es importante enviar sólo buena energía, ya que toda la energía que envías regresa a ti multiplicada por tres como mínimo. Créeme, hace muchos años, cuando era joven y rebelde, lo aprendí de la peor forma posible, y no fue *nada divertido*. Así que ten mucho cuidado si se trata de una persona con quien tienes problemas. (Lo que supongo que es así; sí, eso es videncia, ¿verdad?)

Sólo hay que llevar a cabo este ritual si has intentado todas las demás opciones civilizadas (pedirlo amablemente, pedirlo con firmeza, etc.) y no han funcionado. Además, si hay un conflicto, asegúrate de que eres tú quien tiene la delantera ética. No vayas a echar a alguien de su legítimo hogar o, con toda seguridad, lo vas a lamentar muchísimo (y hablo en serio), puesto que la vieja ley del multiplicado por tres, en estas circunstancias, es siempre muy dolorosa.

Ingredientes:

Una fotocopia de una fotografía de la persona a quien quieres
    expulsar

1 cucharada de pimienta negra

1 cucharada de ajo en polvo

Algo donde quemar la fotografía, como un bol o tarro viejo

Una vela

Realiza este ritual el día después de que haya luna llena.

Enciende la vela y céntrate. Cierra los ojos. Invoca el aspecto más puro y espiritual de tu ser, la parte de ti que no conoce el conflicto y sólo conoce el amor. Desde esta parte de ti, invoca al ser superior de la persona a quien deseas expulsar. Procura pasar por alto vuestras diferencias y sentir realmente simpatía y buenos deseos hacia esa persona. Una vez lo hayas hecho, visualiza que estrechas la mano de esta persona y dices: «Gracias por todo lo que me has enseñado. Ha llegado el momento de que emprendamos caminos separados». Después, desea sólo el bien a esta persona mientras visualizas cómo se vuelve y se marcha hasta desaparecer de tu vista. Al hacerlo, imagina que él/ella está andando hacia un futuro brillante y hermoso, y sigue deseándole que le vaya bien en su nueva vida y residencia.

Abre los ojos y prende fuego inmediatamente a la fotografía. Mientras se quema, visualiza que la energía de esta persona se purifica y se marcha por completo de tu hogar. Cuando sólo queden las cenizas, mezcla las cenizas con la pimienta y el ajo en polvo. Sal y esparce la mezcla alrededor del exterior de tu casa o propiedad (lo que te parezca adecuado). Si esto no es posible porque tienes paredes medianeras con otras casas, esparce la mezcla en una línea que cruce la parte exterior de todas las puertas y todas las ventanas que den fuera. La cantidad que esparzas será lo bastante escasa como para que no se note fácilmente. Si te sobra mezcla, tírala por el retrete. Regresa donde está la vela todavía encendida y di:

Ya está hecho. Gracias, gracias, gracia.
Bendito sea. Y así es.

Apaga la vela, limpia cualquier rastro del ritual y lávate las manos. La persona tendría que haberse ido en dos semanas.

. . . .

Expulsar a un huésped o residente (espíritu) poco grato

Hay dos clases de lo que podríamos llamar «fantasmas», y son muy distintas entre sí. Está la variedad del espíritu guía (la clase que puede describirse como brillante, benéfica y servicial) y también una variedad de entidad anclada (la clase que se queda estancada entre los reinos debido a la confusión, la adicción, la culpa, algún asunto inacabado o algún otro tipo de vínculo poco saludable con el reino físico). Es muy probable que estés tratando con esta segunda clase si experimentes cualquiera de las siguientes cosas en tu casa:

• Una sensación deprimente, triste y/o pesada

- Áreas que permanecen misteriosamente frías

- Una sensación de que las luces están permanentemente tenues

- Una sensación de estar profundamente agotada o desconcentrada

- Sonidos metálicos, arañazos, pasos nocturnos o cualquier otro ruido extraño

- Una adicción repentina, inexplicable, que no es propia de ti (p. ej., de repente quieres comprar cigarrillos y nunca has fumado)

- El cambio de lugar o la desaparición misteriosa de objetos

- Cosas que se encienden o se apagan solas

- Una sospecha de que un anterior residente fallecido está ahí

Si están pasando estas cosas, haz un despeje a fondo del espacio y efectúa después este ritual de expulsión lo antes posible, lo que ayudará al fantasma a pasar al siguiente reino.

INGREDIENTES:
Una vela blanca para cada habitación
Unas gotas de aceite esencial de angélica (o angélica seca
    propiamente dicha) mezcladas con aceite de girasol
Incienso de copal
Un incensario (o algo que funcione como un incensario) para
    cada habitación

Nota importante: si vives con animales, sácalos de la casa o encuentra otro lugar donde puedan estar durante este ritual.

Entre luna llena y luna nueva, después del anochecer, reúne todos los ingredientes en un lugar central. Unge cada vela con el aceite de girasol/angélica para recubrir de una fina capa toda su superficie excepto la base y la mecha, y coloca una vela en cada habitación, con una varilla de incienso. O también puedes esparcir la angélica seca describiendo un círculo alrededor de cada vela situada en un plato o una palmatoria. Enciende la vela y una varilla de incienso en la primera habitación, pon las manos en posición de plegaria (véase página 79), y di:

Arcángel Miguel, yo te invoco. Elimina todos y cada uno de los espíritus anclados a la tierra de este espacio y llévalos hacia la luz, por favor.

Repite este proceso en cada habitación, teniendo cuidado con el posible riesgo de incendio. Cuando hayas terminado, echa un buen vistazo y asegúrate de que todo quema sin el menor peligro y sal de la casa una o dos horas. Cuando regreses, prende todas las luces, apaga las velas y deshazte de ellas, abre todas las puertas y las ventanas y abre todos los grifos durante un minuto. Después, déjalo todo como antes y pon música muy dinámica e inspiradora a un volumen alto para hacer circular todavía más la energía. (Sí, la música disco está bien.) Da las gracias al Arcángel Miguel por su ayuda. Invita después a un montón de ángeles y/o a todos los espíritus y seres buenos que se te ocurra a proteger el espacio y mantenerlo libre de energías inferiores.

Conclusión

¡Adelante, cuidadora mágica de la casa!

¡CONSIDÉRATE INICIADA en la orden sagrada de los cuidadores mágicos de la casa! Ahora eres consciente de que tu hogar es una herramienta alquímica de manifestación, y lo reconoces como tu palacio, tu oasis, y como el lugar donde te nutres y donde honras reverentemente tu verdadera esencia divina.

Para fortalecer y solidificar tu nueva perspectiva y tus poderes recién descubiertos, te irá bien recordarte continuamente los principios principales tras los cuidados mágicos de la casa: que todo está conectado, y que no existe separación entre lo físico y lo etéreo. Dicho de otro modo, tu paisaje exterior refleja tu paisaje interior y viceversa. En realidad, es sencillo: ¿qué quieres experimentar? ¿Armonía? ¿Romance? ¿Lujo? Empieza por fijar claramente tus intenciones. Crea después estas cualidades en el entorno de tu hogar (y quizá refuerza tus esfuerzos con un ritual o dos), y tu experiencia vital seguirá el ejemplo de modo natural.

Pero manifestar las condiciones que queremos en nuestra vida sólo es parte de la historia. Lo que realmente estamos haciendo cuando cuidamos nuestra casa de un modo mágico es vivir consciente y compasivamente. Estamos haciendo elecciones que no son sólo para nuestro mayor bien, sino que también son para el mayor bien de todos (plantas, animales, nuestros seres queridos y todo el planeta). Saber que formamos parte de todo y honrar este conocimiento con nuestras elecciones y acciones infunde belleza y confiere significado a nuestras vidas. Y es cíclico y simbiótico: vivir consciente y compasivamente es la verdadera clave para el auténtico éxito y alegría duradera.

Toda existencia es un mar unificado de energía. Cuando pienses en tu hogar como parte de este mar, ves cómo los cuidados mágicos de la casa pueden cambiar las cosas, no sólo para ti, sino también, a la larga, para todos y para todo. Las ondas de paz que emanan de tu pequeño rincón del mundo pueden cobrar impulso y convertirse en olas muy poderosas. Así que ¡adelante, cuidadora mágica de la casa! ¡Salva el planeta y establece la paz mundial, empezando por tu corazón y tu hogar!

Apéndice

Correspondencias de algunos colores

Beige o canela: conecta con la tierra, reconfortante, ligero, pensativo, sensible

Negro: poder mágico, expulsión, fluidez, el elemento agua

Azul fuerte: potencia la salud, conexión con los aspectos curativos de la mente inconsciente, autoexpresión

Azul claro: refrescante, soñador, potencia la dulzura y la autoexpresión dulce, enfría pasiones

Marrón oscuro o chocolate: el elemento tierra con un poco del elemento agua; estabilidad profunda y enriquecedora con un toque de fluidez

Marrón: el elemento tierra, conecta con la tierra, estabilizador

Crema: como las cualidades del blanco pero un poco más cálido y más receptivo

Dorado metálico: potencia la prosperidad, consigue la ayuda de lo Divino, alineado con la energía del sol

Verde fuerte o _kelly_: salud espléndida, riqueza, amor

Verde bosque: profundo, potencia la salud, atrae riqueza, estabilizador, enriquecedor

Verde claro: conecta con la tierra, levanta el ánimo, vigorizante, potencia la salud

Verde salvia: promueve la racionalidad, estar centrado y la calma; no potencia la pasión (tenlo presente para el dormitorio y el área del amor/matrimonio)

Gris: emoción mezclada con racionalidad, fluidez contenida

Añil: conexión con la intuición, el inconsciente y la orientación divina

Lavanda: soñador, mágico, tranquilizador, inspirador; asociado con la belleza física y los aspectos espirituales del romance

Naranja: poder relajado, seguridad, los elementos de tierra y fuego

Melocotón: los aspectos receptivos, dulces, enriquecedores y cálidos del amor romántico; potencia también la autoestima y la autoaceptación, promueve la paz

Rosa fuerte o fucsia: atractivo sexual y seducción; ideal para las fases iniciales del acceso al mundo de las citas y para potenciar tu imagen de ti misma

Rosa chicle: muy dulce, abre el corazón y potencia el romance; derrite el corazón

Rosa pálido o claro: dulce, delicado, aspectos juveniles del amor romántico; feminidad; las fases iniciales de conmover el corazón

Rojo fuerte: el elemento fuego, energía, pasión, valor, salud

Rojo intenso o ladrillo: ideal para conectarte con la tierra y tener confianza

Plateado metálico: consigue la ayuda de lo Divino, favorece la imaginación, alineado con la energía lunar

Verde azulado o turquesa: salud espléndida, el sistema inmunológico, autoexpresión, abre el corazón, movimiento ascendente, riqueza

Travertino: precisión, autoridad, calma, discernimiento, las manifestaciones masculinas de lo Divino

Violeta o púrpura: belleza espiritual, reinos mágicos, riqueza y abundancia, conexión con lo Divino

Blanco: ideas, precisión, poderes mentales, pureza, limpieza, ligereza, simplicidad, ayuda de los ángeles

Amarillo fuerte o vara de oro: vigorizante y estabilizador

Amarillo claro o crema fuerte: brillante, jovial, conecta con la tierra, inspirador, dulce, receptivo, tranquilizador

Bibliografía

Ashley-Farrand, Thomas, *Mantra Meditation*, Sounds True, Boulder (Colorado), 2004.

Barnard, Tanya, y Kramer, Sarah, *The Garden of Vegan*, Arsenal Pulp Press, Vancouver, 2002.

Campbell, Jeff, *Speed Cleaning*, Dell, Nueva York, 1991.

Chevallier, Andrew, *Enciclopedia de plantas medicinales: 550 hierbas y remedios para dolencias comunes*, Cinco Tintas, Barcelona, 2017.

Cobb, Linda, *Talking Dirty with the Queen of Clean*, 2.ª ed., Pocket Books, Nueva York, 1998.

Collins, Terah Kathryn, *Feng Shui para occidente*, Urano, Barcelona, 1997.
_____, *The Western Guide to Feng Shui for Romance*, Hay House, Carlsbad (California), 2004.
_____, *Feng Shui, habitación por habitación*, Urano, Barcelona, 2000.

Cousens, Gabriel, *Conscious Eating*, North Atlantic Books, Berkeley (California), 2000.

Cunningham, Scott, *Enciclopedia de las hierbas mágicas*, Arkano, Móstoles, 2008.
_____, *Aromaterapia mágica*, Edaf, Madrid, 1992.

Cunningham, Scott, y Harrington, David, *La casa mágica: fortalezca su hogar, protéjalo y consiga amor, salud y felicidad*, Mirach, Villaviciosa Odón, 1993.

De Luca, Diana, *Botanica Erotica: Arousing Body, Mind and Spirit*, Healing Arts Press, Rochester (Vermont), 1998.

Dugan, Ellen, *Cottage Witchery*, Llewellyn, Woodbury (Minnesota), 2005.

Geddess, Neil, y Geddess-Ward, Alicen, *Faeriecraft*, Hay House, Carlsbad (California), 2005.

Ginsberg, Allen, *Aullido y otros poemas*, Anagrama, Barcelona, 2014.

Hay, Louise, *Usted puede sanar su vida*, Urano, Barcelona, 2013.

Illes, Judika, *The Element Encyclopedia of 5000 Spells*, HarperElement, Londres, 2004.

Katie, Byron, y Katz, Michael, *Necesito tu amor, ¿es verdad?*, Faro, Madrid, 2016.
_____, *Amar lo que es: cuatro preguntas que pueden cambiar tu vida*, Urano, Barcelona, 2012.

Kennedy, David Daniel, *Feng shui para dummies*, Para Dummies (Planeta), Barcelona, 2014.

Kingston, Karen, *Libérate con el Feng Shui*, Robinbook, Teià, 1999.
_____, *Hogar sano con el Feng Shui*, Robinbook, Teià, 1998.

Kloss, Jethro, *Back to Eden*, Back to Eden, Loma Linda, 1939.

Linn, Denise, *Feng Shui para el alma*, Robinbook, Teià, 2000.
_____, *Space Clearing A-Z*, Hay House, Carlsbad (California), 2001.

Lust, John, *The Herb Book*, Bantam, Nueva York, 1979.

Medici, Marina, *Magia natural*, Robinbook, Teià, 2000.

Melody, *Love Is in the Earth*, Earth-Love Publishing House, Wheat Ridge (Colorado), 1995.

Rattana Guru, *Transitions to a Heart-Centered World*, Yoga Technology, Sunbury (Pensilvania), 1988.

Scheffer, Metchthild, *The Encyclopedia of Bach Flower Therapy*, Healing Arts Press, Rochester (Vermont), 2001.

Spitzer, K. D., «Magic Squares», *Llewellyn's 2009 Magical Almanac*, Llewellyn, Woodbury (Minnesota), 2008.

Sunset Publishing Corporation, *The Sunset Western Garden Book*, Sunset Publishing Corporation, Menlo Park (California), 2001.

Van Praagh, James, *Ghosts Among Us: Uncovering the Truth About the Other Side*, HarperOne, Nueva York, 2008.

Virtue Doreen, *Arcángeles y maestros ascendidos*, Obelisco, Rubí, 2005.
_____, *Fairies 101*, Hay House, Carlsbad (California), 2007.
_____, *Sanando con las hadas: cartas oráculo*, Arkano, Móstoles, 2015
_____, *El camino de los trabajadores de la luz: despierta tus poderes espirituales de conocimiento y sanación*, Arkano, Móstoles, 2013.

Virtue Doreen, y Becky Prelitz, *Eating in the Light*, Hay House, Carlsbad (California), 2001.

Wolfe, Amber, *Personal Alchemy*, Llewellyn, St. Paul (Minnesota), 1993.

Wolverton, B. C., *Plantas amigas de interior: 50 plantas de interior que purifican el aire del hogar y de la oficina*, Oniro (Planeta), Barcelona, 1998.

ECOSISTEMA DIGITAL

NUESTRO PUNTO DE ENCUENTRO

www.edicionesurano.com

2 AMABOOK
Disfruta de tu rincón de lectura
y accede a todas nuestras **novedades**
en modo compra.
www.amabook.com

3 SUSCRIBOOKS
El límite lo pones tú,
lectura sin freno,
en modo suscripción.
www.suscribooks.com

**DISFRUTA DE 1 MES
DE LECTURA GRATIS**

1 REDES SOCIALES:
Amplio abanico
de redes para que
participes activamente.

4 APPS Y DESCARGAS
Apps que te
permitirán leer e
interactuar con
otros lectores.